PNL Desde Cero

Libera el poder oculto de tu mente con técnicas de programación neurolingüística para principiantes

Ollie Snider

Ollie Snider - Amazon.com & Amazon.es

Gracias por leer mi libro

Este ha sido mi gran proyecto desde hace varios meses (casi llegando al año) y para ser sincero, no fue fácil.

Ha sido lo más parecido a un viaje en montaña rusa. He pasado por los momentos más bajos y oscuros, sumergido en miedo de no saber si lo estaba haciendo bien pero también he tenido el privilegio de ver todo desde la cima y ver como muchas personas que probablemente nunca tendré el privilegio de conocer, se pueden beneficiar de mi pequeño pero humilde aporte a sus vidas,

Me tomo literalmente meses y muchas noches de insomnio poder expresar mis conocimientos acá. Soy una persona que por naturaleza le cuesta expresar sus sentimientos, pero este libro me permitió abrir mi mente y salir de mi zona de confort, motivo por el cual te agradezco que hayas llegado hasta este punto de la lectura.

Quisiera aprovechar de agradecerle a mi familia por el constante apoyo que me brindaron durante este largo viaje de redacción, diseño y más que un dolor de cabeza. No hubiese logrado hacerlo sin ellos. Los amo con todo mi corazón.

Y antes de despedirme, quisiera pedirte un pequeño favor.

Por favor disfruta de este trabajo. Solo eso... Disfruta y de todo corazón espero que puedas sacar algo positivo al terminar de leer este libro

Me despido enormemente agradecido de tí.

Ollie Snider

Revisa todos mis libros en: **amazon.com/author/pnlypersuasiondesdecero**

Contenido

¡Descarga GRATIS la versión de audio de este libro!

Si te gusta escuchar audiolibros en cualquier momento o disfrutas de una narración mientras lees, tengo buenas noticias para ti. ¡Puedes descargar la versión de audiolibro de "*PNL Desde Cero*" GRATIS (normalmente a $14.95) simplemente registrándote para una prueba gratuita de 30 días en Audible!

Haz clic en los enlaces a continuación para comenzar.

>> Para Audible US <<

>> Para Audible UK <<

Guía de Regalo (GRATIS) - PNL explicada cómo si fueras un niño

¡La guía *PNL en solo 5 minutos* es la solución! Aprende los conceptos básicos de la PNL en solo unos minutos. Mejora tus habilidades de comunicación y persuasión para alcanzar tus metas.

Fácil de seguir y aplicar en la vida diaria. Además, incluye un **Plan de Acción de 7 Días** para que puedas ir aplicando los conceptos poco a poco, y ver cómo tu vida comienza a cambiar para mejor.

¿Qué esperas para descargarla?

>>> **Clic Acá para Descargar Ahora** <<<

1

Introducción

Programación Neurolingüística... ¿y eso con qué se come?

La programación neurolingüística (PNL) es una variedad de técnicas utilizadas para influir en la mente y los pensamientos de las personas.

Enseña cómo nuestro cerebro procesa el lenguaje, determina el significado y forma las creencias. Ha sido criticada por ser demasiado abstracta o complicada. Este libro la explora en detalle: qué es, sus fundamentos (historia, conceptos) y cómo puede aplicarse a cualquier persona interesada en el éxito en su vida personal o empresarial.

También es una técnica de desarrollo personal. En esta área, se estudia lo que la mente humana puede hacer y es capaz de mejorar la productividad, la salud personal, las capacidades y el éxito personal. La PNL se utiliza para entrenar el cerebro humano, para salir de un patrón de pensamiento negativo y para mejorar las habilidades mentales.

Dicho de otra forma, es una técnica que ayuda a las personas a influir sobre los estados de ánimo, pensamientos y conductas, usando la capacidad que la mente tiene para crear, asociar y transformar. El cerebro asocia las palabras con las sensaciones que generan, o bien las sensaciones con las palabras con las que se asociaron en el pasado, por lo que tiene una máxima interacción entre el cerebro y el lenguaje.

Esta guía introductoria a la programación neurolingüística explica los fundamentos de los diferentes enfoques que subyacen a esta controvertida teoría sobre el comportamiento humano. Ofrece una lectura sencilla sobre los aspectos esenciales, de modo que tú lector, te sientas lo suficientemente seguro como para experimentar con esta herramienta de cambio.

Es cierto que algunas personas han tenido experiencias fuertes con la PNL, siendo estas tan poderosas, que fueron capaces de controlar los pensamientos o las creencias de otras personas simplemente haciendo ciertos cambios en la forma de hablarles. Así que deberás entender que todo es cuestión de disciplina.

Este libro te enseñará cómo puedes utilizar esta herramienta de forma eficaz para controlar la mente y los pensamientos de las personas. Te explicará los fundamentos incluyendo sus orígenes, historia, conceptos clave, principios, técnicas y beneficios.

Empecemos por conocer un poco de historia y sus orígenes

La programación neurolingüística fue desarrollada por Richard Bandler y John Grinder en la década de 1970. Los dos estaban interesados en modelar la excelencia: identificar patrones que permitieran replicar los éxitos de las personas, con la vista puesta en desarrollar un atajo hacia la perfección. Bandler y Grinder estudiaron ejemplos de psicoterapeutas que habían logrado resultados sobresalientes de forma consistente, y notaron algo muy diferente en sus habilidades lingüísticas a las de otros terapeutas. Estos terapeutas utilizaban lo que ahora conocemos como metaprogramas (distinciones sutiles en su forma de expresarse verbal y no verbalmente) para comunicar mensajes de forma diferente a los demás.

Los metaprogramas son filtros mentales que dan forma a la manera en que experimentamos la realidad y afectan a nuestro comportamiento, pensamientos y sentimientos.

Los dos también identificaron el "modelado de pensamiento" como un instrumento para lograr sus objetivos; con este enfoque comenzaron a investigar y desarrollar la programación neurolingüística.

2

ADVERTENCIA: Lo que debes saber antes de cambiar tu vida radicalmente

1. ¿Podré cambiar la mente de las personas en contra de su voluntad?

No, la PNL es un proceso más que una ciencia exacta: nadie puede hacer que hagas algo "mágicamente" solo diciendo un par de palabras. Se trata de comprender la mentalidad profunda de las personas y modelar esos comportamientos de forma adecuada.

Las técnicas de esta herramienta se ven representadas con la actitud que todos tenemos ante la vida y la forma en que abordamos nuestra mente subconsciente, de esa forma se puede ayudar a las personas a cambiar sus pensamientos y comportamientos con el fin de alcanzar el éxito. Y se puede lograr enseñando a las personas cómo su cerebro procesa el lenguaje y la información, y dándoles los instrumentos que necesitan para modelar los pensamientos y comportamientos de la gente de éxito.

2. ¿Es posible leer la mente de alguien a través del lenguaje corporal y PNL?

Sí. De hecho, la mente transmite lo que pensamos de forma sutil en nuestra expresión corporal, de tal forma que otras personas pueden entender con precisión nuestro estado de ánimo.

¿No es asombroso que nuestra mente comunique lo que sentimos a otras personas sin necesidad de palabras?

La programación neurolingüística trabaja con la interconexión del cuerpo y la mente. Nos enseña lo que ocurre en el cerebro cuando procesa el lenguaje, determina el significado y forma creencias. Una vez que entiendas esto, puedes aprender a decodificar tus pensamientos, sentimientos y acciones para no proyectarlos sin la intención de hacerlo. Este libro te ayudará a entender y aplicarlo por ti mismo.

3. ¿Puedo dominar la PNL en una semana?

No, lamentablemente la neurolingüística no se puede dominar en una semana o menos. Para que una persona se vuelva experta en el tema, tendría que dedicarse plenamente al estudio de la lingüística, lo que incluye varios años de formación, pero eso no significa que personas con menos tiempo puedan aplicar los conceptos claves y sacar provecho de ello.

Cuando se trata de cualquier tipo de campo o lenguaje, cualquier cosa que valga la pena dominar requiere tiempo y esfuerzo. Seguro que recuerdas haber oído la frase *"la práctica hace la perfección"*. Bueno, es completamente cierta, no hay caminos fáciles aquí, pero si algunos atajos que podrás aplicar para una mejor compresión.

Entenderás que la aplicación del conocimiento es extremadamente útil para poder dominar las habilidades necesarias para las técnicas de Programación Neurolingüística. Además, te darás cuenta que debes saber qué técnica se aplica adecuadamente con cada circunstancia para obtener los resultados deseados.

4. ¿La neurociencia puede ayudarme a alcanzar el éxito en mi vida personal y profesional?

Si, definitivamente sí.

La neurociencia es un campo apasionante que puede ayudarte a entenderte mejor. También es muy interesante porque tiene el potencial de mostrarte las causas de tus propios pensamientos y comportamientos, a diferencia de la psicología o la terapia. La neurociencia te permite ver cómo los recuerdos se forman y toman forma en el cerebro a lo largo del tiempo en hábitos arraigados que guían tus percepciones sin que nos demos cuenta.

La neurociencia se basa en siglos de investigación de los neurocientíficos que exploran cuándo la sintonía con estos recuerdos aprendidos afecta al comportamiento. Los neurocientíficos han documentado que, utilizando el lenguaje de una manera específica, puedes cambiar para mejor la forma en que las personas se sienten sobre sí mismas y sobre los que las rodean.

Las técnicas que se utilizan son muy eficaces para ayudar a las personas a alcanzar el éxito mediante el cambio en sus estados emocionales. Tus pensamientos y comportamientos se basan en la forma en que procesas el lenguaje. Esto significa que puedes cambiar tu forma de pensar y actuar, utilizando el lenguaje de una manera específica.

Por ejemplo, un estudio demostró que, utilizando ciertas técnicas, era posible ayudar a un jugador de fútbol con problemas de control de la ira hacia su madre. Él logró focalizar y transformar esta emoción para mejorar su rendimiento deportivo, y lo hizo mediante las técnicas adecuadas. Éste es sólo un pequeño ejemplo de cómo la programación neurolingüística puede utilizarse para ayudar a las personas a alcanzar el éxito en su vida personal.

Después de conocer la Programación Neurolingüística, y al principio de mi investigación, me sentí abrumado al saber que es una herramienta tan fuerte que puede ayudarme a transformar mi vida. Pero cuanto más leía e investigaba sobre la psicología del cambio, más me entusiasmaba dominarla.

Me encanta lo orientado que está este método a los objetivos: te ayuda a crear lo que quieres en tu mente subconsciente identificando tu resultado final deseado y luego diseñando un plan para lograrlo a través de todos los medios necesarios, por ejemplo, autohipnosis o afirmaciones. De hecho, al establecer estos planes para el éxito en su cerebro subconsciente, muchas personas descubren que pueden pensar mucho más positivamente simplemente porque su estado emocional se siente mejor cuando se centran en sus objetivos.

¿Sabías que la Programación Neurolingüística puede utilizarse para controlar los pensamientos de los demás?

La PNL se puede utilizar para hacer que la gente cambie ciertas conductas específicas sin que se den cuenta.

Es un hecho bien documentado que los practicantes de esta herramienta han sido capaces de utilizar con éxito esta técnica para manipular, persuadir, influir y evocar cambios en las percepciones de otras personas.

Antes de proseguir, es importante que entiendas los tipos de cambios que se pueden hacer, lo resumiré en una sola oración: la Programación Neurolingüística puede utilizarse para controlar los pensamientos de los demás, pero no puede controlar sus mentes.

5. ¿Puedo aprender PNL por mí cuenta?

Desde mi experiencia como una persona apasionada por el crecimiento personal y la Programación Neurolingüística, no es una buena idea pensar en que todo el mundo aprenderá a usarla de la noche a la mañana. No olvides que no se trata de algo que se lee y se aprende, sino que se debe practicar, y mucho.

Creo que el mejor consejo que le puedo dar a cada uno de mis estudiantes y lectores, es hacerse una pregunta: "¿Cómo puedo aplicar la PNL a mí mismo?" Y estoy seguro que sus objetivos serán más claros.

Ten en cuenta que es una valiosa colección de técnicas de pensamiento que te permiten aplicar las leyes del éxito y de los logros humanos, independientemente de tus antecedentes o habilidades. Con ella, puedes aprender a tener confianza al hablar con los demás, a crear buenos recuerdos de tu pasado y a rendir al máximo de tu potencial. Incluso puedes utilizarla para perder peso, dejar de tener malos hábitos o para atraer riqueza.

Entonces,

¿por qué no querrías empezar a aprender PNL?

Empecemos a hablar de algunos consejos para empezar a aprender, comenzando por el paso más importante: aprender sobre los principios de éxito que se utilizan en ella.

Si eres nuevo en el tema, puedes sentir que hay algunas cosas que necesitas saber antes de empezar. Estás en lo cierto. Querrás saber cómo identificar y exponer tus objetivos, cómo centrarte en lo positivo, cómo usar cosas como tu mente y tu lenguaje corporal, los movimientos de los ojos y los tonos de voz, y cómo cambiar tus recuerdos para que te sientas más seguro. Todos estos consejos y técnicas provienen de los principios de éxito que puedes utilizar para sacar el máximo provecho de las técnicas de PNL que aprenderás a lo largo de este libro.

No hay razón para dudar en empezar a aprender. Después de todo, es una de las herramientas de autoayuda más poderosas que puedes utilizar. Y con tanta gente exitosa utilizándola, no hay razón para no probarla por ti mismo.

Entonces, la pregunta del millón

¿por dónde deberías empezar?

Hay muchos lugares donde puedes conseguir información y material relacionado con la PNL. Pero por el contrario a lo que se puede pensar, el exceso de información que abunda en Internet puede ser contraproducente. Hay tanta información que en la mayoría de los casos las principiantes solo consiguen abrumarse por no saber exactamente por donde comenzar. Mi objetivo con este libro es compilar y explicarte lo que a mí me funcionó, dándote a conocer mi propia experiencia y mis consejos.

¿Es bueno buscar información adicional? Por supuesto que sí, pero debes asegurarte que sea información de calidad, y eso ya corre por tu cuenta.

Mi recomendación es terminar de leer este libro y luego seguir expandiendo tus técnicas y conocimientos sobre PNL (en caso que lo necesites) con otras fuentes de confianza que tengan una buena reputación y calidad que ofrecer.

Ya casi empezamos, pero primero es necesario que te explique algunas otras cosas.

6. PNL vs Hipnosis ¿Conoces la diferencia?

La programación neurolingüística y la hipnosis, aunque a menudo se consideran juntas, son dos enfoques distintos. Hay mucha confusión en torno a lo que es realmente una y la otra, así que voy a compararlas y ver dónde se puede utilizar cada una.

La PNL es un lenguaje, lo que significa que es un conjunto de palabras y frases que describen los procesos neurolingüísticos. Su enfoque parte de la base de que todo lo que hacemos los seres humanos tiene una estructura, y que entender esa estructura puede ayudar a influir mejor en las personas o a comprender por qué se comportan de determinada manera. Lo que significa que se puede aprender cómo influir en los demás mediante ciertas intervenciones terapéuticas.

¿Qué es la hipnosis?

La hipnosis es un estado de trance, a menudo inducido por un hipnoterapeuta. Se utiliza para acceder a la mente subconsciente con el fin de cambiar creencias o comportamientos limitantes. Puede utilizarse con fines terapéuticos o para ayudar a las personas a alcanzar objetivos específicos.

Entonces, ¿cuál es la diferencia? En resumen, la PNL puede utilizarse para intervenciones terapéuticas (interior) y para influir en los demás (exterior), mientras que la hipnosis puede utilizarse por motivos terapéuticos o para ayudar a las personas a alcanzar objetivos específicos. La PNL suele considerarse un enfoque más general, mientras que la hipnosis es más específica. Sin embargo, en última instancia depende de lo que se quiera conseguir.

Entonces, ¿cuál es la mejor opción para ti? Bueno, eso depende de lo que quieras lograr. Si buscas un enfoque más abierto, como por ejemplo mejorar las relaciones con tus amigos, pareja o incluso mejorar tu rendimiento en el trabajo, entonces la PNL es una gran opción. Si estás interesado en objetivos más específicos, como por ejemplo superar una fobia que tienes desde tu niñez, la hipnosis puede ser una mejor opción. Depende de ti decidir qué es lo mejor, de acuerdo a la situación.

7. Los mitos sobre la PNL al descubierto

Las personas que están interesadas en ampliar sus conocimientos sobre la PNL, también suelen encontrar más dificultades para entenderla correctamente debido a los exagerados mitos y desinformación que rodean a esta rama de la neurociencia.

Aquí están algunos de los mitos más comunes:

1. **La PNL es sólo un montón de palabras elegantes**: La PNL es en realidad una poderosa herramienta de autoayuda que puede utilizarse para mejorar tus habilidades de comunicación. No es necesario ser un verdadero experto en PNL para utilizarla con este fin. De hecho, muchas personas comunes son capaces de beneficiarse de ella porque tienen alguna formación básica en la teoría que la compone.

2. **La PNL es sólo para el crecimiento y desarrollo personal**: Esto no es cierto en absoluto. De hecho, la puedes utilizar para aprender nuevas técnicas, desarrollar nuevos objetivos personales y aumentar tu crecimiento personal, laboral e incluso espiritual.

3. **Dar los primeros pasos para aprender PNL siempre es difícil**: Esto no es del todo cierto. Como en la gran

mayoría de cosas en la vida, toda recompensa requiere cierto sacrificio. Esto no es muy diferente al momento de querer aprender PNL. Para aprender, como con cualquier disciplina, se requiere constancia para poner en practicar lo aprendido, lo que se traduce a una necesidad de tiempo.

8. Conceptos básicos que todo aprendiz de PNL debe conocer

La PNL se utiliza en las empresas para mejorar la comunicación con los clientes y crear una experiencia más positiva para ellos.

Los políticos suelen utilizar sus técnicas para parecer más simpáticos y dignos de confianza a los votantes.

Los terapeutas la utilizan para ayudar a sus clientes a cambiar sus pensamientos y comportamientos.

Los padres de familia la usan para ayudar a sus hijos a desarrollar buenos hábitos y mantenerse en el camino.

La PNL es una técnica que se utiliza en muchos ámbitos diferentes de la vida. Puede ser útil cuando se trata de cambiar un comportamiento, mejorar la comunicación o alcanzar un objetivo. Utiliza la conexión entre la mente y el lenguaje que utiliza. Hay tres conceptos básicos a entender dentro de ella:

1. **La representación:** Es la forma en que asimilamos la información y cómo la almacenamos. Hay tres tipos de representaciones: visual, auditiva y kinestésica. Cada uno de nosotros tiene una representación preferida que utilizamos con mayor frecuencia. La representación visual se da cuando las personas prefieren leen o ver la información de alguna manera. En una conferencia, por ejemplo, preferirán leer las diapositivas a seguir la explicación oral,

o, en su defecto, tomarán notas para poder tener algo físico que los ayude a visualizar mejor. La representación auditiva es aquella dónde las personas comprenden mejor cuando reciben las explicaciones oralmente y cuando pueden hablar y explicar esa información a otra persona. La representación kinestésica es la que está relacionada a sensaciones y movimientos, por lo que podría decir que es un tipo de aprendizaje de personas con mayor sensibilidad, ya que aprenden al momento de tocar o mover cosas.

2. **El lenguaje:** Las palabras no son sólo símbolos que representan cosas, también afectan a nuestros pensamientos y emociones. Las palabras que utilizamos pueden crear imágenes en nuestra mente e influir en tus emociones.

3. **El proceso:** Es la forma en que utilizamos el lenguaje y la representación para alcanzar objetivos o cambiar comportamientos.

La PNL puede utilizarse para ayudar a las personas a cambiar su forma de pensar y de comportarse al comprender la forma en que las personas representan la información y el lenguaje que utilizan.

Gracias a los rápidos avances en tecnología, ciencia y metodología, la programación neurolingüística se ha colocado en un pedestal como una de las mejores herramientas de autodesarrollo disponibles. Si estás luchando con una baja autoestima, problemas de confianza en ti mismo, problemas de comunicación o pensamientos negativos, puede ayudarte a llegar rápidamente a la raíz de estos problemas para empezar a hacer cambios positivos en tu bienestar general.

9. ¿Cómo puedo comenzar?

La PNL es una técnica de comunicación que se utiliza para desarrollar la capacidad humana del lenguaje y así mejorar las comunicaciones. Y como cualquier disciplina, requiere de practica y dedicación. Del mismo modo que la tecnología ha cambiado la forma en que nos comunicamos, ha cambiado nuestra forma de pensar y ha afectado a nuestro entorno.

La mejor forma para comenzar a aprenderla es simple. Practicándola todos los días.

No hay mejor manera de comenzar a aprender que entendiendo los conceptos básicos y leyendo este libro idealmente unos 10-15 minutos todos los días. Puede ser justo al levantarte por las mañanas o antes de acostarte por la noche. Una vez que lo has hecho, al poco tiempo ya no tendrás que releer los distintos capítulos del libro ya que los habrá comenzado a aprender de forma consciente y de forma duradera.

10. ¿Para qué me puede servir la PNL en mi vida cotidiana?

La programación neurolingüística es un sistema de modelado que puede utilizarse para descodificar, comprender e influir en el lenguaje, el pensamiento, el comportamiento y los patrones emocionales. Desempeña un papel integral en el campo del desarrollo personal. No sólo es una herramienta increíblemente poderosa, sino que es increíblemente fácil de utilizar una vez que se ha aprendido.

La PNL se ha utilizado para muchas cosas, he recopilado algunos de los usos para ti.

- Puede ayudarte a tomar el control de tus pensamientos y alcanzar tus objetivos.

- Puedes aumentar tu confianza y motivación.

- Utilizando la PNL, puedes aumentar tu productividad y creatividad.

- También puede ayudarte a mejorar tu vida social.

- Mejorar tu proceso de pensamiento y conseguir mejores resultados.

- Romper con el miedo y las objeciones.

- Impulsar tu vida social.

Como de seguro ya te diste cuenta, la PNL también es flexible, lo que te permite emplearla en una variedad de situaciones de negocios, incluyendo la creación de redes, las ventas, las negociaciones, o en tu vida personal.

Hoy en día, la PNL es una herramienta ampliamente respetada y utilizada por terapeutas, hombres de negocios, deportistas de elite y muchos otros profesionales.

Puede utilizarse para influir en los demás de forma sutil y de manera más consciente. Se creó para lograr conexiones y vínculos con otras personas. También se puede utilizar para cambiar el estado de ánimo y los patrones de pensamiento.

Hay varias razones por las que es tan poderosa. En primer lugar, se centra en la persona, pero no busca por ningún medio cambiarla, sino que le proporciona las herramientas que necesita para cambiar su propio comportamiento negativo. Esto permite a los terapeutas trabajar con personas que se sienten cómodas con sus propias limitaciones y que están abiertas al cambio.

En segundo lugar, la PNL no está reglamentada. Lo que una persona puede encontrar útil para un individuo puede no ser beneficioso para otro. Esto permite a cada individuo adaptar un programa a las necesidades propias de él.

No hay duda de que ha tenido un profundo impacto en la vida de muchas personas. Tanto si eres un terapeuta, profesor o practicante de cualquier otro tipo de asesoramiento o terapia, te debes a ti mismo aprender todo lo que puedas sobre los fundamentos de la programación neurolingüística.

Aprender los fundamentos de la programación neurolingüística es bastante sencillo y no es necesario tener experiencia previa en este campo. Necesitarás aprender algunos conceptos clave, pero deberías ser capaz de aprender completamente los fundamentos en un par de semanas.

Esto no quiere decir que sea fácil y la dominarás en pocos días. La curva de aprendizaje es ideal para aquellos que recién comienzan, proporcionando ejercicios y aplicaciones prácticas para mantener motivado al nuevo lector.

Un escéptico diría que la Programación Neurolingüística no es más que una forma de controlar los pensamientos de las personas. Argumentarían que no hay evidencia científica que apoye las afirmaciones de que puede ser utilizada para lograr el éxito en cualquier área de la vida. También dirían que las técnicas involucradas no son más que hipnosis y autohipnosis, que han demostrado ser métodos ineficaces para el cambio.

Pero este texto es diferente a otros libros sobre Programación Neurolingüística porque no se limita a decirte lo que tienes que hacer, sino que te enseña sus principios para que puedas decidir por ti mismo cómo utilizarlos en tu vida. También incluye ejemplos reales de cómo este método de control mental ha sido aplicado con éxito en cualquier situación común.

Si quieres cambiar tu vida, este libro es para ti.

Si quieres entender la Programación Neurolingüística, ¡este es tu libro!

No te pido que creas en mí, te pido que creas en los principios de esta herramienta.

Lo que ocurre con ella, es que los conceptos son tan sencillos y lógicos por sí solos, que puede que no te cueste entenderlos. Pero cuando pones todos esos conceptos juntos en una frase, se vuelven innecesariamente confusos.

Esto se debe a que algunas de las palabras utilizadas en este campo son desconocidas o difíciles de recordar, mientras que otras suenan como palabras más familiares, pero tienen un significado totalmente diferente. Y muchas personas no se dan cuenta de la importancia de estas pequeñas diferencias hasta que es demasiado tarde.

Este libro te enseñará todo sobre la Programación Neurolingüística y cómo puede aplicarse en tu día a día sin mayores complicaciones.

Ahora que ya sabes qué te encontrarás en tu lectura, es el momento ideal para comenzar tu viaje en la PNL. Recuerda, si mantienes una mente abierta y una actitud positiva, puedes lograr cualquier cosa usando esta herramienta como guía.

¡Diviértete y disfruta de tu nueva vida!

3

Partiendo por lo más básico de la programación neurolingüística

¿Te gustaría tener el control de tus pensamientos?

La PNL te proporciona las herramientas necesarias para acabar con los pensamientos no deseados. Solo aprendiendo cómo controlar los pensamientos que quieres y aquellos que no, podrás dejar atrás la negatividad de tu mente.

Una de las prácticas de la programación neurolingüística es la creación de una imagen que represente el obstáculo que tienes que superar. Esto significa trabajar en una imagen mental y así construir sobre ella con exactitud lo que quieres lograr.

11. Pensamientos negativos y positivos

Los pensamientos son eventos neuronales que ocurren dentro de la mente de una persona. El pensamiento puede definirse como la serie de actividades mentales en las que las ideas se transforman unas en otras mientras se procesan.

Los pensamientos no pueden ser percibidos ni experimentados por nadie, excepto por la persona que los experimenta. Son generados por la mente y para nuestro entendimiento. No puedes sentir, ver, tocar o saborear nuestros pensamientos. Sólo los percibimos en nuestro cerebro.

Los pensamientos surgen de diferentes fuentes. Hay algunos pensamientos que son resultado directo de tus experiencias sensoriales y otros que son producto de nuestra imaginación. También pueden ser causados por recuerdos, emociones y creencias.

Independientemente de su origen, todos los pensamientos comparten algunas características comunes: son fugaces y cambian constantemente. También son subjetivos y personales. Lo que una persona considera un pensamiento, otra puede no considerarlo. Por último, los pensamientos no siempre son racionales. Puedes tener pensamientos irracionales, ilógicos e incluso absurdos.

Un ejemplo de pensamientos irracionales puede ser cuando crees que tu pareja te engaña, cuando en realidad no tienes pruebas de que esto sea cierto. Estos pensamientos pueden hacer que te sientas enfadado, celoso o ansioso, y pueden ser muy difíciles de controlar. Sin embargo, no es imposible evitar que afecten a tu vida diaria.

Una forma de controlar los pensamientos es identificarlos cuando se producen y reconocer que son sólo pensamientos, no la realidad. Esto puede ser difícil de hacer, pero con la práctica se hace más fácil. Una vez que hayas identificado el pensamiento, puedes empezar a cuestionarlo. ¿Hay alguna prueba de que este pensamiento sea cierto? ¿Qué probabilidad hay de que este pensamiento esté ocurriendo realmente? Estas preguntas pueden ayudarte a comprender mejor tu pensamiento y la probabilidad de que sea cierto, pero lo abordaré con mayor detalle más adelante.

Los pensamientos pueden ser útiles o perjudiciales. Los pensamientos útiles pueden motivarte y conducir a resultados positivos. Los pensamientos perjudiciales pueden conducir a resultados negativos e incluso a enfermedades mentales. Es importante que aprendas a reconocer tus pensamientos y a controlarlos. Si puedes reconocer cuándo tienes pensamientos perjudiciales, podrás tomar medidas para detenerlos antes de que causen daño.

Los pensamientos negativos son causados por tu mente, y hasta cierto punto, son una función básica necesaria para la supervivencia. Tu cerebro ha creado el concepto de pensamientos negativos a través de la evolución. Si estás a punto de entrar en una calle congestionada, naturalmente tendrás un pensamiento llegando a tu mente: "no entres en el tráfico".

Esta es una función necesaria, es una respuesta que tú mismo creas a una situación que se está presentando. El cerebro trabaja así, adelantándose a lo que cree conveniente será mejor para ti.

Si piensas en los peores escenarios, sin esos pensamientos podrías hacer algo muy arriesgado e incluso morir. Los pensamientos negativos pueden ser un escudo protector ante ciertas situaciones.

Sin los pensamientos negativos no estarías tan seguro como lo estás. Sin embargo, muchos de los pensamientos negativos también pueden traer dolor. Para alguien que está luchando contra la ansiedad, por ejemplo, los pensamientos negativos pueden ser un ciclo interminable de tormento.

12. Entonces, ¿cómo puedes controlar tus pensamientos?

El primer paso es ser conscientes de ellos.

El siguiente paso es cuestionarlos. Pregúntate si el pensamiento es cierto, y si no lo es, déjalo pasar. Si tienes un pensamiento negativo sobre ti mismo, pregúntate por qué lo crees. La mayoría de las veces, los pensamientos se basan en suposiciones y no en hechos. Una vez que hayas cuestionado el pensamiento, sustitúyelo por otro más positivo.

Aunque puede ser difícil, tomar el control de los pensamientos es un paso importante para mejorar tu vida. Al ser conscientes de tus pensamientos y cuestionarlos, puedes empezar a sustituir los pensamientos negativos por otros más positivos. Puede ser un proceso difícil, pero con la práctica puede resultar más fácil. Si necesitas ayuda en este proceso, hablar con un terapeuta o consejero puede ser muy útil. Por otra parte, practicar la meditación también puede ayudarte a poder controlar tu mente.

Ahora bien, los pensamientos positivos cambian la actitud y el comportamiento. Al tener este tipo de pensamientos, se formarán acciones positivas. Esto inspira a trabajar más duro en el día a día, a tener valor y a tener confianza. Los pensamientos positivos ayudan a crear nuevas oportunidades y a abrir nuevas puertas, ayudan a tomar buenas decisiones y a construir una base firme para el éxito.

13. Las 4 maneras de tener pensamientos positivos, sin excusas

Te ayudaré con algunas ideas para tener pensamientos positivos a diario.

1. **Despierta con una afirmación positiva.** No tiene que

ser algo muy grande. Empieza por cosas simples, como decirte a ti mismo que el día irá bien porque estás vivo, o porque vas a desayunar tu comida favorita, porque verás a una persona a la que tienes ganas de ver. Usarás la ropa que más te gusta, podrás pasar tiempo con tus amigos, con tu familia o tu pareja, o porque el clima es agradable. Hay muchísimas opciones, y estoy seguro que siempre encontrarás algo positivo que puedes resaltar de tu día.

2. **Haz una lista de cosas por las que estás agradecido.** En realidad, esto es fácil, pues lo que tienes que hacer es usar la afirmación con la que despertaste y agradecer por ella. Cuando lo intenté las primeras veces sentía que era muy repetitivo con lo que agradecía, pero conforme pasaban los días, las cosas por las que me sentía agradecido aumentaban. Ahora salgo de casa y empiezo dando las gracias por tener trabajo, porque está soleado y porque pude tomarme mi taza de café sin prisas, pues me levanté temprano. Agradezco por tener un hogar y una familia, por tener alimento en mi refrigerador, una casa y una cama para dormir. También por tener salud y porque conocí la playa hace años, y porque viajé en avión, y porque tengo buenos amigos. Mi lista se hizo muy larga, y aunque puedo hacerlo, no quiero llenar este espacio con todas las cosas que agradezco. Lo que quiero, es decirte que tu lista puede ser igual de grande, solo falta que la empieces.

3. **Rodéate de gente positiva.** La calidad de las personas con las que sueles compartir tu día, a menudo influirá de forma determinante sobre tu estado de ánimo. Si de forma continua te rodeas de familiares o amigos caracterizados por una visión negativa de la vida, pensamientos catastróficos y quejas, puedes llegar a experimentar un profundo malestar emocional. Por el contrario, si te reúnes

con personas positivas, entusiastas y con un gran amor por la vida, tu bienestar emocional se incrementará.

4. **Practica la meditación o la atención plena.** La meditación reduce los niveles de estrés y ansiedad porque mejora el bienestar mental, y te ayuda a tener la mente más calmada, permitiéndote afrontar el día de una forma más relajada.

14. Atención Plena, Mindfulness para los amigos

El concepto de atención plena se define como la capacidad de estar totalmente concentrado en una actividad determinada sin que otros pensamientos o sentimientos nos asalten. Lo ideal es que combines estas dos prácticas, ya que el buen uso de las dos te ayudará a llevar a cabo la PNL de una manera mucho más fácil.

1. **Escribe en un diario tus pensamientos y sentimientos.** A menudo la idea de un diario personal o diario íntimo solo se relaciona con la infancia o la adolescencia, momentos de la vida en que muchas personas vuelcan en cuadernos sus vivencias, anhelos y sentimientos. Pues tú lo puedes usar para tu beneficio si documentas tu emociones. Puede ayudarte a ordenar tus pensamientos, conocerte mejor a ti mismo, ayudar a tu memoria e incluso mejorar tu salud mental y física.

2. **Encuentra algo que te haga ilusión cada día.** Búscate

un hobby, siempre es bueno encontrar algo que disfrutes hacer. Estarás lleno de alegría, porque tu cerebro generará endorfinas mientras lo practicas, relajándote, poniéndote de buen humor y haciendo que tu vida sea mucho más positiva.

Una clave en común que tienen las personas positivas, es que tienen la percepción de que todo lo que hacen les aportará algo valioso en la vida, que tendrán un resultado positivo. Por ejemplo:

- Si tienes que ir a la escuela, *aprenderás*.

- Si tienes que caminar varias cuadras para llegar al trabajo, *te ejercitarás*.

- Si tienes que levantarte temprano, eso *te hará más productivo*.

Es parte de la naturaleza humana ser negativo, nadie puede negarlo, pero en lugar de fijar la atención en esto, opta por centrarte en las cosas buenas que surjan a lo largo del día. Poco a poco formarás parte de ese grupo de personas positivas de las que los demás querrán rodearse.

15. ¿Cómo se combaten los pensamientos negativos?

Muchas personas tienen pensamientos negativos, aunque nunca lo admitirían. Muchos de estos pensamientos sólo causan daño, y deben ser eliminados de la mente de la persona que los experimenta. Hay cuatro pensamientos negativos principales que pueden dañar a las personas, y deben ser eliminados, son los siguientes:

1. **Las comparaciones**: Compararse con otras personas nunca es una buena idea porque siempre encontrarás a alguien que sea "mejor" que tú. Esto sólo te hará sentirte mal contigo mismo y te deprimirá. Cada ser humano tiene sus virtudes y defectos, unos brillan en unas cosas y otros en otras. Jamás debes compararte con nadie porque eres único e irrepetible.

2. **Pesimismo**: Pensar negativamente sobre todo no hará que tu vida mejore. Sólo hará que te sientas deprimido y molesto. Lo peligroso es cuando te acostumbras a esta actitud y quitas actitudes más constructivas, optimistas y vitales que te ayuden a progresar y no quedarte metido en el mundo de la queja, el miedo, y la frustración constante.

3. **Dudar de ti mismo**: Dudar de tus capacidades y de tu autoestima no te ayudará a conseguir nada. De hecho, sólo te impedirá alcanzar tus objetivos. Dejar de hacer esto no se logra de la noche a la mañana. Se requiere tiempo, a veces lograrás tener plena confianza en ti, y otras veces no. Hasta las personas más seguras a veces tienen momentos de dudas. La clave está en irte poniendo metas pequeñas que puedas cumplir. A medida que las vas consiguiendo, vas fortaleciendo tu confianza y tu autoestima.

4. **Preocuparse excesivamente por cosas que están fuera de tu control**: No es posible resolver un problema si no sabes cuál es, así que lo primero que debes hacer es aprender cómo experimentas la preocupación. El futuro está lleno de situaciones posibles. El problema con dichas situaciones es que probablemente nunca se volverán problemas y terminarás preocupándote por nada.

Por lo general, el tener pensamientos negativos no se trata de que estés haciendo mal, sino de algo que no te gusta de ti mismo, o de algo que no tienes (o no tienes lo suficiente). Los pensamientos negativos suelen referirse al pasado o futuro y no son útiles.

La mejor forma de lidiar con pensamientos negativos es ser proactivo a la hora de vigilarlos. Si eres capaz de detectar tus pensamientos a tiempo, podrás descartarlos más fácilmente.

He aquí algunos consejos para hacer frente a los pensamientos negativos:

1. **Reconoce el pensamiento**: No intentes ignorarlo ni apartarlo. Simplemente reconoce que está ahí. Escribe el momento en que crees estar preocupado. Podría ser útil empezar escribiendo cómo te sientes y luego lo que ocurre a tu alrededor y los pensamientos que vienen a tu mente. Observa cómo se siente tu cuerpo, ¿tus músculos están tensos o tal vez te duele el estómago? Luego, puedes volver y analizar lo que te hizo sentirte de esa manera.

2. **Cuestiona el pensamiento**: ¿Es realmente cierto? ¿Hay pruebas que lo apoyen? Cuando identificas la preocupación, es importante saber si te preocupas por algo que de verdad está ocurriendo o algo que podría ocurrir. Céntrate solo en los hechos actuales porque eso es lo único con lo que puedes lidiar en el presente. Está bien planificar y prepararte para el futuro, pero una vez que lo hayas hecho, acepta que has hecho todo lo que puedes por el momento.

3. **Sustituye el pensamiento por otro más positivo**: Si puedes, intenta pensar en algo que te haga feliz o por lo que estés agradecido. Puede ser una frase que te empodere, alguna canción que te anime, incluso escribir aquello que piensas. Decirme una afirmación positiva también se ha convertido en un recurso que me ayuda, sobre

todo para los pensamientos negativos automáticos y constantes. La idea no es repetir por repetir la afirmación, sino sentir lo que te estás diciendo; ya que eso ayuda al cuerpo a darse cuenta que lo que dices es real.

"Es posible controlar nuestros pensamientos y tener una actitud positiva hacia el futuro".

Ahora me gustaría que en base a lo que has aprendido, puedas responder las siguientes preguntas. Es importante que entiendas que no hay respuestas correctas o incorrectas. No hay algo bueno o malo. Solo respóndelas, y cuando finalices el libro, las vuelves a revisar para ver si tu percepción de las cosas ha cambiado. Te recomiendo las escribas en alguna libreta que puedas llevar contigo y dónde documentes el progreso que tengas con este libro.

- *¿Qué significa para ti el éxito?*

- *¿En qué cosas piensas más?*

- *¿Cuáles son algunas de las cosas que te hacen infeliz?*

- *¿Crees que tienes demasiados pensamientos?*

- *¿Qué pensamientos crees que son positivos?*

- *¿Qué pensamientos crees que son negativos?*

- *¿Qué acciones puedes llevar a cabo en tu persona para controlar tus pensamientos?*

4

Las emociones: ¿qué son? ¿cuántas existen? ¿cómo determinan nuestra conducta con otros?

Antes de partir de lleno con este tema, es bueno hacernos la pregunta:

¿Se pueden eliminar por completo las emociones negativas?

Sí, en efecto, y con bastante rapidez y eficacia. Lo que determina si estas emociones pueden cambiarse o no, es básicamente lo arraigadas que están en el cerebro de esta persona.

¿Siempre que te enojas, te pones triste o nervioso, reaccionas de la misma manera?

El tiempo que se tarda en formar una nueva emoción a partir de una antigua es, por tanto, inversamente proporcional al número de veces que se ha repetido esta reacción. Aquí entra en juego la teoría de "la repetición es la madre de todo aprendizaje". Por supuesto, muchas emociones son efímeras y acaban desapareciendo, pero algunas, lo creas o no, se forman fácilmente y permanecen contigo durante toda la vida.

Es interesante pensar en cómo se forman las emociones y cómo puedes cambiarlas. Según la teoría que menciono arriba, cuantas más veces experimentes una emoción, más fácil será volver a sentirla. Esta teoría tiene mucho sentido, sobre todo si piensas en la facilidad con la que se forman algunas emociones.

Por ejemplo,

¿Alguna vez has tenido una reacción fuerte ante algo y luego te has dado cuenta de que has empezado a reaccionar de la misma forma cuando se presenta una situación similar?

Eso se debe a que tu cerebro empieza a asociar esa reacción con la situación o la persona que la provocó originalmente. Cuantas más veces tengas esa reacción, más fuerte será la asociación y más fácil será volver a sentir esa emoción.

Por otro lado, algunas emociones son más difíciles de formar y desaparecen más rápidamente. Esto se debe a que a nuestro cerebro le cuesta más asociarlas con situaciones o personas concretas.

Entonces, *¿cómo puedes utilizar esta información en nuestro beneficio?*

Bueno, en primer lugar, es importante ser conscientes de cómo se forman las emociones. Una vez que lo sepas, podrás empezar a prestar atención a las situaciones o personas que desencadenan tus emociones. Luego, podrás trabajar para cambiar esas asociaciones.

Por ejemplo, si sabes que te enfadas fácilmente cuando alguien te corta el paso en el tráfico, puedes empezar a practicar la calma en esas situaciones. Lo lograrás utilizando **técnicas de visualización o relajación** que te ayuden a mantener la calma. Así, con el tiempo, tu cerebro empezará a asociar esas situaciones con la calma, y te resultará más fácil sobrellevar lo que antes te causaba una emoción negativa.

El mismo principio se aplica también a otras emociones. Lleva tiempo y esfuerzo, pero sin duda es posible. Con un poco de práctica, puedes cambiar tu forma de reaccionar para mejorar tu vida por completo.

Entonces, *¿cómo puedes utilizar la PNL para cambiar tus emociones?*

Hay algunas técnicas que pueden ser útiles. Una se llama "anclaje". Consiste en asociar un sentimiento o una emoción concreta con un estímulo físico.

Por ejemplo, si quieres sentirte feliz, puedes **anclar ese sentimiento** a algo como una sonrisa o un recuerdo alegre.

Otra técnica se llama "**reencuadre**". Consiste en cambiar la forma de ver una situación o emoción. Por ejemplo, si te sientes triste puedes replantear esa tristeza como una señal de que estas sintiendo empatía por otra persona. O, si estas enojado, puedes replantear ese enojo como una señal de fuerza y determinación.

Ambas técnicas pueden ser útiles para cambiar la forma en que sientes una emoción. De esta forma podrás cambiar las asociaciones que tu cerebro tiene con esas emociones. Con el tiempo y la práctica, puedes empezar a sentir diferentes emociones en diferentes situaciones.

Estas técnicas son sólo algunas de las formas en que puedes utilizar la PNL para cambiar las emociones. Hay muchas otras técnicas que pueden ser útiles, y es importante encontrar las que mejor funcionan para ti.

En los siguientes capítulos te enseñaré con lujos de detalles la técnica de anclaje que suele ser la más efectiva a la hora de cambiar las emociones.

16. ¿Cómo se forman las emociones y cómo cambiarlas?

La PNL postula que las emociones no son innatas, sino que son el resultado del pensamiento, lenguaje y comportamiento. En otras palabras, la forma en que piensas, hablas y te comportas, influye en las emociones que experimentas.

Por ejemplo, si te dices a ti mismo con frecuencia que eres un mal conductor, es probable que empieces a sentirte ansioso y estresado cada vez que te pongas al volante. En cambio, **si te dices a ti mismo que eres un buen conductor,** es probable que te sientas confiado y relajado al conducir.

Esto se debe a que tus pensamientos y lenguaje crean mapas mentales o imágenes que afectan a tus emociones. Cuanto más ensayes estos pensamientos y patrones de lenguaje, más arraigados estarán en tu neurología.

Entonces, ¿cómo puedes utilizar la PNL para cambiar tus emociones?

Una forma es cambiar las imágenes que creas en tu mente. Por ejemplo, si tienes una imagen negativa de ti mismo, puedes sustituirla por otra más positiva. También puedes utilizar las técnicas de la PNL para cambiar el tono de tu voz interior, de modo que sea más favorable y alentadora.

Otra forma de cambiar tus emociones es cambiar la forma en que hablamos de ellas. Por ejemplo, en lugar de decir *"estoy muy triste"*, di *"me siento triste"*. Esto ayudará a reducir la intensidad de la emoción.

Por último, puedes utilizar técnicas de PNL para cambiar nuestro comportamiento. Por ejemplo, si quieres sentirte más seguro de ti mismo, puedes actuar con confianza, aunque no la sientas por dentro. Esto ayudará a aumentar el sentimiento de confianza con el tiempo.

La clave para utilizar la PNL para cambiar tus emociones es ser consciente de tus pensamientos y patrones de lenguaje. Si eres consciente de las palabras que utilizas para describir tus emociones, puedes empezar a cambiar la forma en que te sientes.

Así que pruébalo. Empieza a prestar atención a tus pensamientos y comprueba cómo puedes cambiar la forma en la que expresas tus emociones. Y no tengas miedo de experimentar con diferentes técnicas hasta que encuentres las que mejor te funcionen.

Y para repasar los conceptos previamente visto... recordemos que:

- La Programación Neurolingüística es una serie de técnicas utilizadas para influir en la mente y los pensamientos de las personas. Enseña cómo nuestro cerebro procesa el lenguaje, determina el significado y forma las creencias.

- Funciona utilizando el poder de los patrones del lenguaje, como las metáforas, las modalidades, las palabras de anclaje y la sensibilidad de la agudeza sensorial, para alterar el estado de ánimo o el comportamiento de alguien. En esencia, la PNL consta de tres aspectos: los sistemas de representación (imágenes visuales), los metaprogramas (la forma en que procesamos la información) y las técnicas de programación neurolingüística (la forma en que utilizamos el lenguaje para crear significado).

- La PNL también ayuda a establecer una relación con las personas, así como a comprender sus necesidades. Puede utilizarse tanto en el ámbito personal como en el empresarial, y se ha demostrado que es muy eficaz en ambas áreas.

- Uno de los principales beneficios de la PNL es que permite a las personas tomar el control de sus propias vidas. Enseña a las personas a cambiar sus pensamientos y comportamientos, y les proporciona las herramientas que necesitan para tener éxito. La PNL es también una herramienta muy versátil, que puede adaptarse a las necesidades de cada persona.

- La PNL puede utilizarse para alcanzar el éxito tanto en la vida personal como en la empresarial. Es una herramienta versátil que puede adaptarse a las necesidades de cada persona.

17. La PNL como tratamiento del trastorno de estrés postraumático

La programación neurolingüística es un tema candente entre los círculos de superación personal. Algunos confían en sus beneficios, mientras que otros son más escépticos.

La PNL es una práctica poderosa que se puede aplicar a muchas áreas de nuestra vida. Ya no es sólo para terapeutas. Los beneficios incluyen un mayor conocimiento de ti mismo, mejores relaciones y la capacidad de cambiar rápidamente comportamientos o creencias que te frenan. La PNL ha demostrado su eficacia en numerosos estudios científicos y es fácil de aprender con la instrucción adecuada, y todavía hay algo más en lo que puede ayudar.

La PNL es una gran forma de aprender y crecer. Hay muchos beneficios de la PNL, pero uno de los más importantes es que ha demostrado ser un tratamiento eficaz para el TEPT. Si no sabes lo que significa el TEPT, es el trastorno de estrés postraumático.

Este trastorno es un problema de salud mental que se presenta luego de vivir un evento emocionalmente traumático. Se caracteriza por ansiedad y "flashbacks" recurrentes del evento traumático. Es bastante común en soldados que vuelven de la guerra, después de ser testigo de un accidente o de un desastre natural, o después de una agresión física. Las personas que tienen trastorno de estrés postraumático suelen revivir los hechos en recuerdos y pesadillas o en forma de pensamientos abrumadores. Esto suele estar acompañado por una pérdida del interés en actividades que la persona solía disfrutar, adormecimiento emocional y sentimientos de culpa.

Los síntomas del TEPT suelen comenzar varios meses después del evento traumático, no necesariamente se manifiestan inmediatamente después del hecho. El síntoma más común son las reviviscencias del hecho, episodios durante los cuales la persona revive la experiencia traumática en forma involuntaria. Durante estos episodios, la persona siente el corazón acelerado, la boca seca, y es posible que sude y sienta miedo como si estuviera en la situación original.

Otros síntomas incluyen pensamientos recurrentes del evento, que eviten las situaciones o eventos similares, y pesadillas. Las personas que tienen TEPT pueden ponerse ansiosas, nerviosas e irritables, y pueden tener dificultades para dormir debido a la ansiedad que les provocan estos pensamientos. Además, algunas personas desarrollan depresión, un ánimo decaído, adormecimiento o embotamiento afectivo, y pérdida del interés por lo que sucede a su alrededor.

El tratamiento normal del TEPT tiene como objetivos la disminución de los síntomas, la prevención de las complicaciones crónicas y la rehabilitación social y ocupacional. Se utilizan diversas modalidades psicoterapéuticas individuales, de grupo y de familia, y los grupos de autoayuda.

La PNL también puede ayudar a este trastorno. Con práctica y dedicación, puede ayudar a borrar algunos de los síntomas que vienen con el TEPT, como la ansiedad y la depresión, cambiando la forma en que las personas piensan acerca de ciertos desencadenantes o eventos que les causaron el trauma en primer lugar.

Si eres una persona que quiere aumentar sus habilidades o superar algo traumático en tu vida, la PNL es para ti. No importa si la situación por la que atravesaste es en mayor o menor grado traumática, te puede ayudar.

18. Comienza a escribir un diario

El propósito de los bucles cerebrales que se aprenden con la PNL es crear la noción de que es posible cambiar un comportamiento normalmente indeseable en un comportamiento deseable. Así, una persona tímida podría ser capaz de cambiar este comportamiento por uno más dominante. Los bucles cerebrales son importantes porque si el practicante no entiende que estos cambios son posibles, entonces hay pocas posibilidades de que se produzca el cambio.

Llevar un diario es simplemente escribir tus pensamientos en papel. No es nada más difícil que eso. La escritura te permite expresar lo que piensas y sientes en favor de tu salud mental.

Escribir de tres a cinco minutos al día te ayuda a formar una actitud más positiva en la vida.

¿Y qué necesitas para empezar con la PNL?

Tener una actitud positiva.

Si no te gusta escribir, puedes dibujar. Se trata de plasmar tu sentir en papel, de la forma en que tú te sientas cómodo. Y tampoco tienes que dedicarle muchas horas, con solo unos pocos minutos es más que suficiente. Cinco minutos cuando despiertes y cinco minutos antes de dormirte. Puede ser digital si lo prefieres, o puedes usar una libreta, una agenda o lo que tengas a la mano. Se trata de liberar el estrés, no de crearte más.

De entre todas las ventajas que puede traerte este diario, quiero resaltar dos: la primera es tener un espacio íntimo donde escribas lo que piensas y sientes, sin el riesgo de sentirse juzgado. Y la segunda es darte cuenta de la diversidad de emociones por las que pasas a lo largo del día.

Al tener un registro hecho por ti mismo de lo que vas sintiendo día a día, te darás cuenta de algo: no siempre estás enojado, triste, ansioso, decaído, o con baja energía. También tienes otras emociones a lo largo de tu día, eres capaz de tener sentimientos agradables, como agradecimiento, amor, orgullo, tranquilidad, felicidad, energía, paz.

Un diario puede convertirse también en un magnífico ejercicio de meditación. Es una oportunidad única para observar pensamientos y sentimientos, verlos surgir y dejarlos ir de la misma manera que a alguien que medita se le enseña a no juzgar aquello que piensa o siente. Alguien que escribe un diario puede convertirse en un maestro de la contemplación. Básicamente es mirarte a ti mismo y aprender a reconocer la naturaleza fugaz de tus pensamientos, lo que puede llevarte a la conclusión de que no todo lo que se piensa es importante o permanente, ni los miedos o ansiedades tienen por qué hacerse realidad.

19. La verdad sobre el miedo y como usarlo a nuestro favor

No puedes quedarte en la comodidad de lo conocido para siempre. Hay que arriesgarse para crecer, incluso si eso significa ser rechazado.

La duda es algo por lo que pasan muchas personas exitosas incluso después de tenerlo todo. Tienes que recordar que no tienes ninguna garantía. El miedo es algo a lo que todos nos enfrentamos en nuestra vida, por muy grandes, inteligente o persuasivos que seamos.

El miedo a perder el trabajo o a ser rechazados por la sociedad es parte de la naturaleza del ser humano. Lo que la mayoría de la gente no se da cuenta es que el miedo puede ser un motivador increíblemente poderoso, sólo que no es uno que nos impulsa a hacer cosas buenas.

El miedo hace que nos centremos en las cosas equivocadas. Es fácil que el miedo te haga creer que tu situación es grave, que no puedes hacer nada al respecto. Pero la vida no funciona así. Tienes que arriesgarte si quieres conseguir grandes cosas. El miedo se interpone en el camino de tus sueños, y hacer los sueños realidad es lo que te hará sentir mejor.

La PNL puede ayudarte a **gestionar mejor tu miedo** y a construir una base más sólida para tu futuro. Te ayudará a desarrollar nuevas habilidades y a mejorar tu confianza en ti mismo. La PNL puede ayudarte a superar cualquier reto de miedo, incluyendo el miedo al fracaso, el miedo a lo desconocido y el miedo al futuro.

Evitar el miedo solo te impedirá seguir adelante y te provocará ansiedad. Para lograr vencerlo, te recomiendo tomarte un tiempo y buscar algo agradable o reconfortante para hacer. En cuanto te sientas seguro, puedes intentar a explorar el miedo de nuevo, tomándote los descansos cuando sea necesario.

Es importante que entienda que es muy difícil eliminar de tu vida todos los riesgos.

Tomar decisiones es elegir entre varios caminos a través de la incertidumbre. Muchas veces, más que tener miedo a un estímulo concreto lo que sucede es que tienes miedo a tus propios síntomas del miedo.

Por ejemplo, alguien que teme hablar en público, más que miedo a afrontar la situación, le teme a que aparezcan palpitaciones, sudoración, temblores, rubor facial, tartamudeo, etc. Se trata de una respuesta fisiológica que tiene el cuerpo para hacer frente a algo que percibe como un peligro.

Lo importante de cualquier estrategia que tomes para eliminar al miedo de tu vida, es que te ayude a gestionar y convivir con todos los miedos que puedas sentir. No se eliminan los problemas, pero sí se puede luchar para reducir algunos para vivir mejor.

5

Anclajes de PNL, ¿qué son, cómo utilizarlos y por qué funcionan?

Los anclajes son uno de los mejores trucos de la PNL que pueden mejorar drásticamente tu vida. La razón por la que me encanta usar anclajes es porque es una técnica que se puede usar en casi cualquier aspecto de la vida o situación social, lo que hace que valga aún más la pena.

Anclar es simplemente vincular emociones, sentimientos o sensaciones corporales a un disparador, que por lo general son gestos corporales. Entonces, cada vez que veas ese desencadenante y experimentes algo relacionado con él, experimentarás esos sentimientos, emociones y sensaciones automáticamente. El entrenamiento de los anclajes consiste en cambiar tus reacciones ante determinados desencadenantes que pueden ser tanto externos como internos.

Suena algo confuso, ¿no? No te preocupes, que te lo enseñaré de una manera mucho más didáctica.

Los anclajes son una rápida llave de acceso a estados emocionales de equilibrio y consisten en la asociación o "conexión" de un estímulo a una respuesta y una particularidad que pueden estar asociados a cualquier sentido (vista, oído, olfato, gusto o tacto). Lo importante a recordar es que tienen como objetivo producir un cambio en el estado emocional.

Es momento de que veamos un ejemplo básico de anclaje en el mundo real, para que lo puedas comprender mejor.

¿Te ha pasado que miras una fotografía de un viaje que realizaste hace un par de años atrás y sientes como si te teletransportaras a ese lugar?

¿O cuando escuchas una canción específica y te produce una emoción, ya sea alegría o tristeza?

Felicitaciones, estás experimentando los famosos anclajes.

Te dejo un ejemplo más concreto de un anclaje. Mientras lees, imagina lo siguiente:

Es un día domingo, soleado, y mientras caminas tranquilamente por la playa, escuchas una canción que sonó en la fiesta de tu boda.

Los viejos recuerdos vuelven de repente y esto te hace rememorar todos esos momentos aparentemente olvidados en el fondo de tu mente, pero ahora tienen un sentido especial en la orilla del mar. En tu mente te visualizas, caminando por el pasillo de una enorme iglesia con todos tus seres queridos observándote y el amor de tu vida en el altar esperándote.

Es como si tu mente se hubiese separado de tu cuerpo por un par de segundos y la alegría de ese momento te invade, como si estuvieras viviéndolo en carne propia nuevamente.

El anclaje es ese fenómeno que ocurre cuando tenemos una emoción, un pensamiento, una experiencia o una señal en nuestro entorno (un sonido, un sentimiento, una vista, un sentido, un gusto, un tacto) que puede transportarnos a otro momento de nuestra vida y produce un cambio en nuestro estado de ánimo y forma de pensar.

En la gran mayoría de los casos, los anclajes se producen de forma natural. No requieren un profesional que te enseñe a crearlos. Lo que sí necesitas, es que te diga cómo crearlos de forma espontánea en tu vida diaria.

Es importante entender que en ocasiones estos anclajes también pueden traernos de vuelta a eventos angustiosos, como por ejemplo un accidente vehicular, o un mal rato que vivimos con alguien. Es por este motivo que es importante entender cómo crear anclajes positivos y también como eliminar los anclajes negativos de forma permanente de tu vida.

20. La mejor técnica de anclaje

Dentro del mundo de la programación neurolingüística, las técnicas de anclaje son muy conocidas por su particular facilidad. Una de las técnicas más comunes, sobre todo para aquellos que se están iniciando en la PNL es aquella que consiste en que una persona mantiene el pulgar y el dedo índice juntos presionando con fuerza mientras experimenta una sensación o sentimiento en específico, por ejemplo, tranquilidad en un ambiente controlado.

Luego de realizar esta actividad en repetidas ocasiones, la persona puede "activar" este estado de ánimo (tranquilidad, por ejemplo) cuando lo desee. En el caso de una persona que practicó y dominó este anclaje, puede invocarlo fácilmente cuando esté pasando por un momento de ansiedad o rabia. Bastaría con el simple hecho de sentarse, respirar con calma y hacer presión con sus dedos para entrar en un estado de completa tranquilidad.

21. Los 10 pasos para crear anclajes poderosos.

Antes de comenzar te recomiendo encarecidamente que busques un lugar tranquilo y cómodo para realizar el siguiente ejercicio, ya que se requiere tranquilidad y estar libre de distracciones para que pueda ser ejecutado de manera correcta.

Es importante que tengas una postura corporal cómoda, libre de presión o cansancio. Lo ideal es que estés sentado con tus manos y piernas libres. Evita cruzar las piernas, brazos o estar de pie, ya que esto podría dificultar tu concentración.

- **Paso 1:** Piensa en la emoción que deseas obtener a través del anclaje: Algunas emociones pueden ser la tranquilidad o alegría, etc. Esto queda a tu libre decisión, pero no olvides que tiene que ser una emoción positiva.

- **Paso 2:** Elige un gesto para la asociación: Lo de presionar el dedo índice y pulgar es opcional. Tú puedes elegir el gesto que quieras. Puede ser apretar los labios o cruzar los dedos. Lo importante es que sea un gesto que no utilices frecuentemente en otras actividades diarias.

- **Paso 3:** Piensa en un momento del pasado en el que sentiste la emoción del Paso 1: Cuanto más potente sea el recuerdo, mucho mayor será el efecto del anclaje.

- **Paso 4:** Busca en tu memoria recuerdos potentes de un momento pasado en donde sentiste en plenitud la emoción que quieres anclar. Mientras más fuerte sea el recuerdo, más fuerte será el anclaje.

- **Paso 5:** Cierra completamente tus ojos, adéntrate en ese momento y trae esa emoción al momento actual, al presente, a tu hoy.

- **Paso 6:** Tienes que comenzar a experimentar lo que viste, oíste y sentiste en ese recuerdo, pero en el ahora. Siente cada detalle cómo el momento original. Visualiza las sensaciones con tus cinco sentidos. ¿Qué sonidos había en ese momento? ¿Estabas tocando algo? ¿Olías algo agradable? ¿Cómo se veía todo? ¿Estabas comiendo algo delicioso? Este paso es muy importante, pues dependiendo de cómo visualices, tendrás mejores resultados.

- **Paso 7:** Ahora que ya estás en ese momento pasado, debes evaluar del 1 al 10 que tan poderoso es el recuerdo. Mientras mayor sea, mejor.

- **Paso 8:** Cuando ya sientas la emoción que buscabas, es momento de capturarla mediante el gesto del Paso 2 acompañado de una respiración lenta y profunda.

- **Paso 9:** Repite el proceso de capturar la emoción mediante el gesto 3 veces. Con calma, nadie te está apresurando. Controla tu respiración y siente como esa emoción se asocia al gesto bajo tu propio control.

- **Paso 10:** Ahora comienza a volver al presente lentamente. Respirando suavemente a un ritmo controlando y abriendo con cuidado tus ojos.

Repite este ejercicio una vez cada día, con el mismo gesto y recuerdo para dominarlo y así acudir a él cuando y donde lo necesites.

Es importante recordar que, para utilizar los anclajes de forma eficaz, debe ser capaz de establecer conexiones entre sus sensaciones, imágenes y emociones con determinados gestos, palabras, frases o imágenes, y todo esto se puede lograr fácilmente con el método de 10 pasos previamente explicado. Sé paciente y tómate tú tiempo.

22. Refuerza el ancla emocional

Las emociones son poderosas. Son la sede de nuestros deseos más profundos y tus ansias más fuertes. Es muy importante que conectes con la gente a nivel emocional, pero ¿cómo puedes hacerlo? ¿Cómo conectar con los demás, cómo mostrar empatía y construir relaciones más sólidas?

Las emociones son el centro de nuestra motivación.

Veamos un ejemplo rápido: si estás intentando dejar de fumar, tendrás que enfadarte con tu adicción. Tendrás que expresar todos tus sentimientos. Esto puede ser difícil, pero es importante que lo hagas para construir una fuerte ancla emocional. Tu ancla debe estar asociada a todos los beneficios que te traerán a tu vida el hecho de dejar la adicción al cigarrillo. El ancla te impedirá recaer.

Del mismo modo, en tus relaciones personales, necesitas anclas emocionales fuertes. Si no estás seguro en tus relaciones, es más probable que seas infeliz. Necesitas expresar todos tus sentimientos, construir una fuerte conexión emocional con quien estás, y expresar tu esperanza y confianza en la relación. Estas cosas te ayudarán a mantenerte motivados y a que sea poco probable que rompas con tu pareja.

23. Visualización positiva - La llave maestra de la PNL

La visualización es el proceso mediante el cual un individuo o grupo materializa sus metas, deseos y objetivos generando una imagen interna que puede ser de gran ayuda en el logro de esos objetivos. Algunos puntos importantes acerca de ella son los siguientes.

- La visualización puede ayudarte a tomar el control de tus pensamientos y a alcanzar tus objetivos.

- Al utilizar la visualización, puedes ver el resultado deseado en un entorno mentalmente controlado.

- La visualización también te ayuda a concentrarte y centrarte en lo que quieres conseguir.

- Visualizarte realizando la tarea que tienes entre manos hará que sientas la satisfacción que conlleva.

- La visualización no tiene límite ni edad.

- La visualización es la clave del éxito.

- Los líderes de grandes empresas y deportistas de elite alrededor del mundo la utilizan.

La visualización positiva puede ayudarte a aumentar tu confianza y tu paz interior mediante el proceso de imaginar resultados positivos que pueden ocurrir. Al hacerlo, puedes aumentar las posibilidades de alcanzar tus objetivos.

Hay muchas formas diferentes de hacer visualizaciones positivas, pero las más comunes incluyen centrarse en los recuerdos positivos o experimentar experiencias felices. El objetivo es crear una imagen mental en la que te sientas bien contigo mismo, con tu vida y con lo que deseas conseguir.

Si utilizas la visualización positiva con regularidad, puede ayudarte a alcanzar tus objetivos con mayor facilidad y eficacia. También será mucho más probable que disfrutes de la vida y te sientas más feliz en general.

La visualización positiva es una herramienta poderosa que debe ser adoptada en la vida de todos. Mucha gente se resiste a la idea de la visualización positiva, pero cuando entiendes por qué funciona y cómo puede beneficiarte, será increíblemente fácil adoptarla en tu vida diaria.

Veamos 5 cosas increíbles que la visualización positiva puede hacer por ti.

1. *Empezarás a desarrollar una visión más positiva de ti mismo.*

2. *Empezarás a sentirte más seguro de tus capacidades.*

3. *Empezarás a disfrutar más de la vida.*

4. *Serás más capaz como persona individual.*

5. *Dejarás de dudar de ti mismo.*

En el momento en que todos oímos un comentario negativo sobre nosotros mismos, instantáneamente recibimos una oleada de dudas que en realidad es extremadamente dolorosa. Cuando aprendas a controlar este proceso de pensamiento con la visualización positiva, crearás asociaciones y pensamientos positivos.

6

Metamodelos – Adentrándote en la mente de los demás

El metamodelo es una herramienta fantástica del lenguaje, ya que nos ayuda a desarrollar el pensamiento crítico. Primero veamos el significado de este término. Por definición, el pensamiento crítico es un proceso en donde el individuo usa la razón para cuestionar afirmaciones o las emociones con la finalidad de llegar a la postura más razonable sobre un tema.

Se trata de un tipo de pensamiento reflexivo y racional por esencia, ya que parte de la duda y se rige por la lógica. En otras palabras, el pensamiento crítico es la habilidad de pensar racionalmente y sin sesgos, de forma que se entiende o construye una conexión lógica de ideas.

Una vez explicado lo anterior, quiero decirte que el metamodelo no es cualquier herramienta. El metamodelo requiere de mucha práctica y entendimiento antes de poder utilizarlo de forma eficiente. Este fue creado por Richard Bandler y Jhon Grinder, los creadores de la PNL. Este modelo fue publicado por primera vez en el libro *"La Estructura de la Magia"*.

El metamodelo del lenguaje consiste en tomar consciencia de las limitaciones de cada uno, limitaciones mentales, causadas por la interpretación de la realidad.

Con el metamodelo del lenguaje se quiere conseguir un ambiente más sano y comprensible, con el que se pueda hablar de cualquier tema sin malas reacciones, sin limitaciones mentales, agrandando los mapas mentales de cada uno.

Es una herramienta idónea para recuperar, eficazmente, la información perdida u oculta en el diálogo intra o interpersonal. Y para esto tienes que hacer muchas preguntas.

Debes saber que estos cuestionamientos son simples preguntas, pero como bien sabes, hay mucha gente que se siente incomoda al ser sometidas a ellas, sobre todo si son un poco directas. Es por esto que los metamodelos requieren tanta práctica, ya que para estas preguntas de forma sutil y elegante se requiere de mucho tacto, algo que es difícil de enseñar a través de un libro o curso. Esta herramienta del lenguaje se debe aprender practicando con personas reales y no solo en tu mente.

Pero... *¿Qué hacer si alguien se toma a mal tus cuestionamientos?*

No lo tomes a mal, no lo tomes como algo personal. Tan simple y breve como eso.

Hay gente que puede sentir que tus preguntas son una agresión hacia a ellos, aunque tu objetivo no sea ese, ellos lo pueden interpretar de esa forma. Recuerda que tu objetivo es obtener información valiosa mediante la curiosidad e interés, no mediante la agresión.

24. Las 4 preguntas que te darán información valiosa sobre las personas

Tengo 4 preguntas que podrían ayudarte más fácilmente a lograr lo explicado anteriormente.

Pregunta 1: *¿Puedes ser más específico?*

Con este tipo de preguntas buscamos obtener más información de la otra persona.

En este caso, cuando alguien te dice algo como:

- Versión 1: "No me gusta lo que estás haciendo"

- Versión 2: "Lo estás haciendo mal"

Lo que puedes responder para entender mejor su punto de vista, es lo siguiente:

- *Opción1:* Disculpa ¿Podrías por favor explicarme específicamente que no te gusta de lo que estoy haciendo?

- *Opción 2:* Por favor, ¿podrías ser más específico, a que te refieres cuando dices que no te gusta lo que estoy haciendo?

- *Opción 3:* ¿Específicamente, de las cosas que estoy haciendo qué no te gusta?

- *Opción 4:* ¿Podrías indicarme específicamente cómo quieres que lo haga, o que criterios debo cumplir para que estés conforme?

Con esto buscas tener una comunicación mucho más limpia y con menos malos entendidos.

Puede que pienses que hacer este tipo de preguntas pueden resultar en algo irrelevante para la otra persona y hasta cierto punto puede ser verdad. Pueden parecer preguntas irrelevantes lógicamente porque esa persona entiende y sabe qué quiere específicamente, pero tú no, y créeme, cuando ambas partes saben en detalle cual es el resultado esperado, todo cambia para bien.

Te doy un ejemplo:

Mientras vas caminando por los pasillos de tu trabajo, te encuentras frente a frente con tu jefe y este de forma rápida y sin mayor explicación te dice:

"Mañana tenemos reunión con el equipo de marketing a las 14:00 hrs, no llegues tarde".

En este punto tienes dos opciones como respuesta. Piensa en cuál elegirías tú.

- *Opción 1:* "Muy bien jefe, ahí estaré de forma puntal," y aquí acabaría la conversación.

- *Opción 2: "Claro jefe, pero ¿me puede indicar qué temas vamos a tratar y cuál es el objetivo de la reunión? De esta forma puedo ir preparado e incluso llevar información adicional".*

Claramente **la mejor opción sería la 2**, ya que evitarías presentarte a una reunión en completo desconocimiento.

¿Y qué pasa si no preguntas nada, te conformas con que solo debes asistir a una hora específica, pero te llevas la sorpresa que el equipo de marketing junto con tu jefe espera que tú les presentes un informe o indicadores de la compañía sin que nadie te avisara previamente?

De seguro sería un momento bastante bochornoso y una pérdida de tiempo para todos, incluso podrían poner en tela de juicio tu capacidad en el cargo, todo por **no hacer la pregunta correcta en el momento correcto.**

Porque ellos pensaban que tú sabías lo que tenías que hacer.

¿Ves el problema?

Es un hecho que hay muchas personas que tienen capacidades excepcionales para desarrollarse profesionalmente, pero tienen un problema y es que no combinan lo que tienen en su propia cabeza con la información que les proviene del exterior. El peor error de este tipo de personas es que cualquier información la dan por cierta.

Pregunta 2: *¿Como lo sabes?*

Es importante saber si la información viene de la fuente directa o hay intermediarios que la transmitieron. En caso que existan intermediarios, la información se puede ver alterada en gran medida, generalmente a mayor número de intermediarios, mayor es la interferencia entre la información original y la información final.

De igual forma, cuando escuchas que alguien te dice algo, pueden aparecer distorsiones en la comunicación, ya que pueden intervenir demasiados elementos o sujetos en el canal de comunicación, haciendo que este sea demasiado complejo. Esto deriva en la aparición de diferentes interpretaciones del mismo mensaje.

Conocer los factores que pueden hacer que no se genere una comunicación adecuada, ayuda a controlar de forma efectiva sus efectos negativos, consiguiendo así que, el mensaje se reciba de la forma más ajustada posible a lo que se quiera transmitir.

Pregunta 3: *¿Quién lo dice?*

Hay que tener mucho cuidado de donde proviene la información, ya que en ocasiones esta puede estar sesgada.

Con esto no quiero decir que sea mentira o que hay que desconfiar siempre de la fuente, pero sí debo decirte que siempre hay
que tener precaución. Conocer quién dice algo puede ser un buen
indicio para saber si la información es de fiar o no.

Por ejemplo, de seguro has oído en TV e Internet que la leche de
vaca es buena para el ser humano, sobre todo para niños y adultos,
ya que aporta calcio que promueve que los huesos se mantengan
fuertes, pero... ¿te has preguntado quien lo dice?

En muchas ocasiones esta información y consejo nutricional
proviene de publicidades de las mismas lecherías e industrias
relacionadas. Obviamente ellos no van a destacar aspectos negativos de su producto. Por favor, no pienses con esto que te estoy
diciendo que la leche es mala, para nada. Yo no soy experto ni
conocedor del tema para hacer algún tipo de recomendación.
Solo te digo que investigues un poco acerca del origen de las cosas
que escuchas.

Pregunta 4: *¿Cómo es que eso causa esto otro?*

Los seres humanos por naturaleza tenemos muy arraigada la
Causa-Efecto, que viene a ser cuando atribuimos una cosa a otra,
pero la verdad es que no siempre es el razonamiento lógico que
impera en una situación específica.

Un ejemplo de esto sería:

> Si un día tu compañero llega 30 minutos atrasado al
> trabajo, no sería correcto que lo cuestionaras dicien-
> do que llegó tarde por quedarse la noche anterior
> viendo películas hasta tarde. La causa de dicho efecto
> también podría ser otra, como por ejemplo que salió
> a la hora correcta por la mañana en dirección al tra-

bajo, pero tuvo la mala fortuna de encontrarse con un accidente carretero que dejó el transito detenido.

Estas son mis 4 preguntas preferidas para comenzar a utilizar desde el primer día para mejorar tu comunicación con tu entorno.

7

Rapport – Construir una buena relación es la clave

La compenetración, o Rapport, es un término utilizado para describir el estado de tener sentimientos y/o emociones positivas, comprensión mutua y respeto por el otro. Es la cualidad de estar "en sintonía" o de acuerdo con los pensamientos, actitudes, creencias o comportamientos de alguien. La compenetración puede desarrollarse a través de varias técnicas, como la escucha activa, que a menudo se enseña en los cursos sobre habilidades de comunicación interpersonal.

Compenetración o Rapport, en esencia, significa *relacionarse.*

La compenetración también puede desarrollarse a través del lenguaje corporal. Cuando dos personas están en sintonía, su lenguaje corporal suele ser muy similar. Pueden adoptar la misma postura, gestos y expresiones faciales. Esto se debe a que cuando estás en rapport, tu cerebro intenta "sincronizarse" con la otra persona. Intentas ver las cosas desde su perspectiva y entender su punto de vista.

Recuerda: El rapport es el acto de relacionarse o tener una conexión. La compenetración puede construirse a través de gestos sencillos como asentir con la cabeza, un lenguaje corporal expresivo y expresiones faciales marcadas. La compenetración suele estar evidenciada por el contacto visual, pero no tiene por qué ser así.

Llevándolo al contexto de una conversación entre dos personas, significa relacionarse con alguien de manera que se genere una sensación de confianza, comprensión y terreno común.

He aquí algunos ejemplos de situaciones en las que la compenetración se muestra de manera sutil y puede ser muy beneficiosa:

1. Una mujer quiere comprar un coche nuevo. Ella y el vendedor pasan unos minutos hablando mientras miran las opciones. Como ya han establecido una relación, el vendedor puede preguntarle cómo le ha ido el día, cómo ha sido su anterior auto y que espera de nueva compra. Ella se sentirá identificada con esta persona, lo que la hará predisponerse a comprarle su producto. Como puedes ver, un rapport exitoso puede ayudar laboralmente a mejorar las ventas.

2. Una conversación sobre la atención medica con un doctor es más productiva cuando éste le pregunta al paciente cómo se encuentra, qué le duele y sobre todo si le dice que esté tranquilo y que todo saldrá bien. Generando esta conexión se le facilita el buen resultado a las dos partes implicadas.

3. Un consultor que trabaja con un equipo de empleados que están trabajando en un proyecto reconoce que todos ellos están experimentando estrés y les pregunta cómo están, cuál es el estado actual del proyecto y cómo él les puede ayudar a sacar adelante el proyecto.

Estos son ejemplos claros y simples como una persona puede aplicar eficientemente el rapport en una situación específica para lograr una mayor compenetración por el otro, es decir, se pone en los zapatos de sus compañeros e intenta comprender sus sentimientos y que puede hacer para hacerlos sentir mejor y así aumentar la confianza.

25. Los beneficios del Rapport y cómo puede mejorar tu comunicación

Cuando eres capaz de establecer una relación con alguien, se abre la puerta a un mundo de oportunidades.

Una vez que domines el arte de la creación de relaciones, podrás conectar con la gente a un nivel más profundo. Esto te permitirá establecer mejores relaciones, tanto personales como profesionales. También podrás conseguir más cosas, ya que la gente estará más dispuesta a confiar en ti.

Para crear una buena relación, hay que entender cómo piensan y se comportan las personas, y eso es precisamente lo que el rapport te enseña. También tienes que ser capaz de adaptar tu estilo de comunicación al de la otra persona. Si puedes hacerlo, estarás en camino de establecer una fuerte conexión con ellos.

Entre los beneficios más importantes que otorga el rapport, están los siguientes:

- **Conectas emocionalmente con la gente.** Si eres capaz de conectar con los demás, veras cómo mejora tu salud emocional y, por lo tanto, tus relaciones interpersonales.

También serás ser más objetivo, ya que ponerte en el lugar de los demás facilita que les comprendas sin prejuicios. Asimismo, esta perspectiva justa de la actitud de los demás hace que los demás te vean como una persona más respetuosas y generosa con quienes conviven diariamente. De igual forma reforzarás tu estima y crecerás emocionalmente, ya que aprenderás nuevas perspectivas de vida de las personas con las que te relacionas.

- **Tus compañeros estarán más interesados en lo que dices.** La atención es la capacidad que tenemos los seres humanos para poner el foco en un objeto o concentrarnos en una tarea. Se trata de un proceso cognitivos más, y es una premisa necesaria para muchas de las actividades que realizamos diariamente. Con el rapport podrás tener toda esta atención sobre ti y podrás manejar a las personas de acuerdo a lo que quieras lograr con cada uno.

- **La audiencia confiará más en ti.** Ser confiable es una de las virtudes más importantes que puedes tener, ya que, si lo eres, significa que los demás te ven como una persona: leal, sin dobles discursos, honesta y de buena predisposición. Dices lo que piensas, aunque no sea precisamente lo que tu interlocutor quiera escuchar. Eres alguien a quien pueden contar sus problemas y sus secretos, sabiendo que no los defraudarás y que guardarás la confidencialidad de lo que escuches.

- **Podrás influir en la gente con más facilidad.** La influencia es la capacidad de conseguir que los demás hagan o piensen lo que quieres que hagan o piensen para un beneficio mutuo. Hoy en día es una habilidad fundamental que no debe confundirse con la manipulación, ya que esta controla y dirige a la otra persona de una forma poco ética y buscando solo el beneficio de quien manipula.

26. El Rapport en tu día a día

La forma de crear rapport con la gente es una de las habilidades más importantes para mejorar tus relaciones interpersonales. El principal y más poderoso componente de la compenetración es la nombrada escucha activa. Esta es una técnica y estrategia específica de la comunicación humana. Se refiere a la habilidad de escuchar no sólo lo que la persona está expresando directamente, sino también los sentimientos, ideas o pensamientos que subyacen a lo que se está diciendo.

Cuanto más te comprometas con la persona con la que hablas, más probabilidades tendrás de crear un vínculo con ella y mayor será el nivel de compenetración que establecerán.

Para desarrollar la compenetración, recomiendo:

- Hacer que su lenguaje corporal corresponda con las emociones de la otra persona.

- Sonreír y mostrar un interés sincero en la conversación.

- Muestra empatía y demuestra comprensión en los puntos que trata.

- Si te ves reflejado en la otra persona y hay un tema entre ambas, utilízalo y habla de él.

- Encuentra cosas que tengan en común y crea un vínculo con ellas.

- Habla de lo que te gusta hacer en tu tiempo libre y de lo que estás haciendo ahora. Si a la persona le cuesta encontrar temas, dale algunos para que elija, los ejemplos podrían ser: trabajo-familia-situación de la vida actual.

En cuanto a la creación de una buena relación, hay muchas maneras de hacerlo y algunas pueden ser más eficaces que otras. Es importante entender la empatía y también ser consciente tanto del lenguaje corporal como de las señales verbales.

La escucha activa es un componente importante y permite que uno se sienta más conectado con su interlocutor. Cuando nos sentimos conectados, nos abrimos y sentimos confianza.

Como pudiste notar, hay muchas estrategias para crear una buena relación, como utilizar el lenguaje corporal, reflejar las emociones y hacer preguntas. También es importante hacer que la otra persona se sienta comprendida al descubrir cosas que tienen en común y hablar de ellas.

A veces es difícil conectar con otras personas. Todos estás tan ocupados con sus vidas que puede parecer imposible pasar tiempo con alguien más. Tal vez seas tímido y te cueste hacer amigos en el trabajo, o simplemente no sepas qué decir cuando conoces a gente nueva. Pues bien, ha llegado el momento de dejar atrás esos problemas.

Generar confianza con otras personas puede ser un reto, pero sin duda merece la pena el esfuerzo.

Cuando tengas la confianza de las personas que te rodean, será más probable que te escuchen y cooperen contigo, pero antes de comenzar, debes saber que cuando eres negativo, todos quieren alejarse de ti. Al ser negativo, contagias tu estado de ánimo a los demás. Sin embargo, al hacer el ejercicio de ser positivo, tú atraes a las personas hacia ti.

¿Cómo puedes conectar mejor con la gente?

Como sabes, el mundo está lleno de gente con las que encajar, pero también te enfrentas a algunas personas que son más difíciles de conectar y ganarse su confianza. Este puede ser un buen momento para aprender técnicas para conectarte mejor con la gente.

Existen muchas formas para ganar la confianza de otras personas. Esta es una habilidad universal, y aunque no es fácil de aprender, una vez que se domina el proceso de establecer relaciones sólidas, es mucho más fácil.

27. Los 7 pilares para crear confianza inquebrantable

Si eres como la mayoría de la gente, probablemente pienses que la confianza es algo que se gana con el tiempo y las buenas acciones. Y aunque eso es ciertamente una parte, en realidad hay mucho más que eso. Aquí están los 7 pilares para crear una confianza inquebrantable en los demás:

1. **Sé honesto** - Di siempre la verdad, incluso cuando sea difícil. Mentir sólo hará más difícil que los demás confíen en ti en el futuro. Pero no olvides ser honesto solo cuando las personas quieran saber tú opinión y recuerda que la honestidad no es sinónimo de crueldad.

2. **Muestra agradecimiento** - Cuando alguien haga algo bueno por ti, agradécelo sinceramente. Apreciar la amabilidad de alguien hará que sea más probable que te ayude de nuevo en el futuro.

3. **Sé fiable** - Si dices que vas a hacer algo, hazlo. La gente aprecia a los que son fiables, y es más probable que confíen en ti.

4. **Apoya a los demás** - Cuando los demás tengan problemas, ayúdales. Ofréceles tu ayuda y apoyo, y hazles saber que estás ahí para ellos.

5. **Sé genuino** - Sé tú mismo y deja que se vea tu verdadera personalidad. La gente puede ver a través de una persona

falsa, así que lo mejor es ser tú mismo. Si actúas como alguien que no eres, será difícil mantener una conexión con los demás. Ser genuino también permite que los demás te conozcan mejor, y una vez que te conozcan, será más probable que confíen en ti.

6. **Escucha activamente** - Cuando alguien esté hablando, asegúrate de prestarle toda tu atención. No le interrumpas ni pienses en lo que vas a decir a continuación. Limítate a escuchar e intenta entender lo que te dicen. La gente aprecia cuando alguien se toma el tiempo de escucharlos, y será más probable que confíen en ti si sienten que les entiendes.

7. **Intenta no juzgar a los demás** - Todos tienen sus propias opiniones, pero es importante recordar que no todo el mundo va a estar de acuerdo contigo. Si juzgas a los demás, será difícil que confíen en ti. En cambio, intenta aceptar a los demás por lo que son, y será más probable que ellos hagan lo mismo contigo.

Existen personas de mente cerrada y mente abierta. Ten esto en cuenta cuando conozcas a cualquier persona, pues hay muchas diferencias entre los dos tipos de personalidad, y es importante clasificar las diferencias para poder saber cómo te tienes que desenvolver.

En primer lugar, es difícil hablar con las personalidades cerradas. No son cálidas ni amistosas y, por ello, los demás suelen evitarlas.

También tienden a ser muy tercos, y les resulta difícil conseguir ayuda externa. Sin embargo, no te dejes engañar; una personalidad cerrada no tiene miedo de pedir ayuda cuando la necesita. Ellos simplemente no lo harán de buena gana o abiertamente.

Las personalidades abiertas, en cambio, son mucho más amistosas. Les gusta comunicarse con los demás y no tienen problemas para socializar. También son muy serviciales y siempre están dispuestos a echar una mano.

Es fácil saber cuándo se está cerca de una personalidad abierta, ya que te hará sentir cómodo y bienvenido. Las personalidades cerradas pueden hacer que te sientas bastante incómodo, ya que no se abren realmente a los demás.

En general, las personalidades abiertas son más agradables y tienen una mejor vida social. Las personalidades cerradas, aunque siguen siendo simpáticas hasta cierto punto, tienden a ser más reclusas y a aislarse de los demás.

> La mejor manera de llegar a conectar con una persona es tener algo en común.

Si a la persona le gusta el golf, entonces debieses mostrar algo de interés sobre el golf, aunque a ti personalmente te parezca un deporte demasiado aburrido. No se trata de mentir o hacerte pasar por algo que no eres. Solo se trata de establecer una primera conexión para luego ahondar en otros intereses más en común. Además, no debes juzgar sus gustos, siempre es bueno dejar la puerta abierta para que te expliquen lo que les gusta. Debes acercarte a ellos con confianza y mente abierta, quién sabe si aprenderás algo nuevo.

28. Cuando la gente te parece reacia a hablar, ¿qué tienes que hacer?

La principal razón por la que la gente puede parecer no tener ganas de hablar contigo es porque, o bien no son tan interesantes como tú, o simplemente no confían en ti lo suficiente como para creer que realmente quieres hablar con ellos. Sin embargo, si se trata de la primera situación, no hay duda de que captarás toda su atención si te vuelves más interesante.

Si se trata de la segunda situación, además de hacerte más interesante, debes trabajar tu imagen o la forma en que te presentas ante la otra persona. Es la forma en que te presentas ante ellos, no la forma en que piensas de ti mismo, lo que realmente te va a ayudar a ganar su confianza para poder iniciar una conversación.

Hay algo que puedes hacer para hacerte más interesante y ganarte la confianza de alguien. El truco está en preguntarles sobre ellos y escucharlos con atención. A la gente le encanta hablar de sí misma, así que, si les das la oportunidad, será más probable que hablen contigo.

Asegúrate de escuchar atentamente lo que dicen. Esto demostrará que estás interesado en ellos y que te interesa lo que tienen que decir. Cuando muestras interés por alguien, es más probable que confíe en ti y se abra a ti.

¿Por qué es importante saber qué tipo de preguntas hacer al conocer a alguien?

Hacer las preguntas correctas a las personas puede decirte mucho sobre ellas. Puedes obtener información interesante sobre sus aficiones, intereses y objetivos. Por eso, en una conversación es importante hacer preguntas de sondeo o de seguimiento, para obtener más detalles de quién es la persona con quien se desea establecer una conexión. Las preguntas correctas son la llave para mantener la conversación, de modo que descubrirás más cosas sobre la persona y le interesarás más.

Siempre es mejor hacer una pregunta que esté al mismo nivel de lo que se está hablando. Por ejemplo, si se está hablando de trabajo, siempre es mejor preguntar a la persona sobre su trabajo, cómo le gusta y qué le gusta de él. Si se le hace una pregunta personal, puede resultar perjudicial.

Hay algunas preguntas que a la gente le encanta que le hagan, mientras que otras no las contestaría en absoluto, por muy inofensivas que parezcan.

29. Las mejores preguntas que puedes hacer cuando quieres conectar con la gente

Eso depende de lo que quieras de la conversación, de lo hábil que seas socialmente, de lo bueno que seas juzgando el carácter y de lo psicológicamente astuto que seas.

Una buena pregunta para empezar una conversación no es necesariamente una buena pregunta para el medio o el final. Si quieres causar una buena impresión, tienes que abrir con una buena pregunta, crear interés planteando una pregunta que te ayude a obtener información sobre la persona, que indique su punto de vista, su propósito o su personalidad y, a continuación, cerrar con una pregunta que indique tu opinión específica sobre un tema o el sentimiento que quieres transmitir.

La siguiente es una lista de las mejores preguntas que puedes hacer para iniciar una conversación con alguien que no conoces:

1. *¿Cómo te llamas?*

2. *¿Cuál es tu trabajo?*

3. *¿Qué estudias?*

4. *¿Dónde vives?*

5. *¿Qué te gusta hacer en tu tiempo libre?*

6. ¿Cómo es tu familia?

7. ¿Qué es lo que más te gusta hacer?

Presentarse es el primer paso para establecer una conexión con alguien. Al compartir su nombre, su trabajo y sus intereses, le da a la otra persona algo con lo que conectar y sobre lo que basarse. Además, compartir información sobre tu familia y tus cosas favoritas demuestra que eres una persona simpática y con buen sentido del humor. Al ser abierto y amistoso, puedes crear una conexión duradera con las personas que te rodean.

La mejor manera de actuar cuando estás conociendo a alguien sería escuchar con atención y llevar la conversación a temas casuales y desenfadados. Esto es importante porque te dirá qué tipo de persona es la otra y te permitirá saber si vale la pena seguir con la relación o no. El tema de conversación también es importante, ya que, si escuchas lo que le interesa a la persona, podrás encontrar intereses comunes.

Si tienes problemas para leer situaciones sociales, simplemente pregúntale a la persona cuáles son sus intereses, te dará mucha información sobre ellos. No olvides que los gustos de las personas son variados, una conversación puede llevarte a hablar desde su mascota, hasta el último partido de futbol de su equipo favorito.

Pon atención a los detalles en esta persona; el tipo de ropa que llevan, el tipo de joyas e incluso el tipo de coche que conduce. Así podrás conocerla mejor. También es importante ser tú mismo y no intentar ser alguien que no eres. La gente suele ver a través del comportamiento falso, así que es mejor ser genuino y dejar que la gente conozca a tu verdadero yo. Si actúas como alguien que no eres, puedes acabar arruinando la relación incluso antes de que empiece.

Generar confianza es fundamental en cualquier relación, así que es importante que te tomes el tiempo necesario para conocer a la persona y dejar que te conozca a ti. La gente suele ser cautelosa cuando conoce a alguien nuevo, así que, si eres sincero y creas una buena relación, podrás aliviar tus preocupaciones y generar confianza.

30. ¿Qué es lo que debes evitar hacer?

1. **No establecer contacto visual**: El contacto visual debe durar un segundo o más. No ser capaz de mirar a las personas a los ojos puede significar que te sientes inferior a o intimidado por éstas o que no estás seguro de lo que estás diciendo. Dar la impresión de no estar seguro puede resultar desastroso. En cambio, si eres capaz de mirar a las personas con seguridad, podrás mantener el aura de autoconfianza y de autoridad necesaria para que el mensaje sea bien recibido.

2. **Mala postura**: Cuando tienes una mala postura pareces menos accesible, menos seguro y menos atractivo. Muy pocas veces estás consciente de que tu cuerpo también tiene un lenguaje que es interpretado, consciente o inconscientemente, por las personas que te escuchan. Si te apoyas en la pared cuando hablas, demuestras falta de energía e interés. Si tus hombros están en una posición inclinada, o tu espalda se ve en una posición curva, o echada hacia adelante, proyectarás una imagen de debilidad, falta de energía y profesionalismo. Procura buscar una posición neutra y natural, pero cuida que tu espalda esté en una posición vertical la mayoría del tiempo. Si logras dominar tu discurso, y logras evitar estos errores del lenguaje corporal, estarás capacitado para dar un fuerte mensaje, convincente y creíble.

3. **Hablar demasiado**: Lo cierto es que todos sabemos hablar, pero no todos hemos aprendido a comunicar adecuadamente. Sin embargo, solemos dar por hecho que cuando hablamos mucho es sinónimo de comunicarnos bien y muchas veces no es así, al menos no de manera efectiva. Para que exista comunicación, primero debe haber información. Ahora bien, comunicar es mucho más que informar. La persona que comunica elabora un mensaje con el objetivo de que otra persona no solo lo reciba, sino que lo entienda, que provoque en ella algún efecto, alguna respuesta. No le basta con presentar los datos, sino que busca hacerlos creíbles. Para ello necesita filtrar, ordenar y sintetizar esos datos, o lo que es lo mismo, transformarlos en un mensaje válido para su receptor.

4. **Nervios y miedo**: El miedo a hablar con gente nueva es una forma de ansiedad frecuente. Puede variar desde un nerviosismo leve a un miedo paralizante y pánico. Muchas personas con este miedo evitan las situaciones en las que tienen que hablar en público por completo o sufren en su transcurso, con las manos y la voz temblorosas. Pero la preparación y la persistencia podrán ayudarte a superar el miedo.

Aquí hay algunos ejercicios que puedes poner en práctica todos los días para ayudarte en este punto.

- Relajación muscular previa.

- Visualizarte realizando con éxito la conversación.

- Beber un trago de agua antes de empezar a hablar (desaparecerá la sensación de boca seca).

- Respirar profundamente muy despacio antes y durante la plática.

• No dejar de repetirte que todo te va a salir bien.

Si no puedes superar el miedo con la práctica, considera buscar ayuda profesional. La terapia cognitiva conductual es un enfoque basado en las habilidades que puede ser un tratamiento eficaz para reducir el miedo a hablar en público.

Así que, ahora que conoces algunos de los errores más comunes que debes evitar, puedes empezar a hacer algunos cambios y mejorar tus interacciones con los demás. Al evitar estos errores, podrás dar la impresión de ser más seguro y confiable. Y, en última instancia, eso es lo que todos quieren en sus interacciones con los demás: confianza.

31. El rapport en tu vida laboral

Todo trabajador o empleado hoy en día necesita saber cómo establecer y mantener excelentes relaciones con sus jefes y colegas. El rapport es esa "conexión" o simpatía que se crea cuando dos personas interactúan.

Mi recomendación se basa en una sencilla hipótesis: cuanto más conozcas los intereses de tu jefe, mejor le impresionarás. No sólo eso, sino que cuanto mejor entiendas lo que hace tu jefe cada día y cómo le gusta trabajar, más ayuda le ofrecerás, y él lo apreciará.

Y no es difícil averiguarlo. Lo único que necesitas es un poco de observación y hacer las preguntas correctas en el momento adecuado.

Hay tres tipos de información que debes conocer sobre tu jefe: cómo pasa la jornada laboral (sí, aunque parezca que no trabaja), qué le interesa y cómo le gusta colaborar.

Para empezar, presta atención a cómo pasa tu jefe su jornada laboral. ¿En qué se centra? ¿Cuáles son sus prioridades? Esta información es importante, porque puede ayudarte a entender lo que tu jefe busca de ti.

Por ejemplo, si tu jefe está siempre ocupado y parece hacer malabares con muchas tareas diferentes, puede ser útil enviarle una actualización semanal que resuma en qué has estado trabajando. De este modo, podrá hacerse una idea rápida de lo que estás haciendo sin tener que dedicar tiempo a buscarte cada día.

También es importante saber qué le interesa a tu jefe.

¿Cuáles son sus aficiones? ¿Qué le gusta hacer fuera del trabajo?

Conocer esta información puede darte pistas sobre cómo acercarte a él y cómo causar una buena impresión.

Por ejemplo, si a tu jefe le gusta jugar al golf, puedes plantearte llevarle a jugar. Esto no sólo le dará la oportunidad de pasar tiempo con él fuera del trabajo, sino que también demostrará que te interesa lo que hace fuera de la oficina.

Por último, asegúrate de colaborar siempre con tu jefe. Pídele su opinión sobre los proyectos y muéstrate abierto a los comentarios. Así te asegurarás de trabajar de la forma más eficaz posible.

No saber aplicar correctamente esta compenetración (rapport) puede ocasionar en más de una ocasión conflictos cuando se relacionan con jefes y compañeros de trabajo. Esto puede afectar las relaciones sociales entre compañeros de trabajo a largo plazo provocando malas experiencias y un mal ambiente para todo el equipo involucrado.

Tener una buena relación con el jefe es importante para el ambiente de trabajo. No solo ayuda a construir una comunicación positiva, sino también para resolver rápidamente los problemas que surjan en el día a día.

32. Señales que delatan un mal ambiente laboral

1. *Mal manejo de los conflictos.*

2. *Problemas de comunicación.*

3. *Falta de inteligencia emocional.*

4. *Mala actitud por parte del jefe o los trabajadores.*

5. *Hay conspiración entre colegas.*

6. *Tú trabajo no es reconocido.*

7. *Haces el trabajo de otros.*

8. *Liderazgo negativo.*

9. *Problemas de rol.*

10. *Sobrecarga de trabajo.*

11. *Compañeros tóxicos.*

12. *Falta de compromiso con la organización.*

¿Cómo se solucionan estos problemas?

Cuando estés en desacuerdo con alguien, es importante que intentes ver el punto de vista de la otra persona. A menudo pensarás que tienes razón y, en un esfuerzo por proteger tu punto de vista o hacerte ver mejor, echarás más leña al fuego y perderás de vista la cuestión original.

Esto puede ser realmente hiriente y hacer que ambas partes acaben sintiéndose aún más frustradas, sobre todo cuando probablemente podrían haberlo resuelto si hubieran intentado ver las cosas desde la perspectiva de la otra persona.

Las discusiones nunca son buenas, pero son aún peores cuando se basan en suposiciones falsas. Si todas las discusiones empezaran con la gente tratando de ver el punto de vista de otra persona, es muy probable que se ahorrarían muchos malos entendidos y discusiones sin sentido.

33. Aprende a escuchar

No hay gran misterio en saber que, para ser un buen empleado, un buen amigo e incluso una excelente pareja, hay que saber escuchar.

Si quieres ser un empleado en el cual tu jefe pueda confiar, o un líder de éxito, tienes que aprender a escuchar. No sólo te ayudará a comprender mejor y a conectar con tus compañeros de trabajo, sino que también te facilitará hacer las cosas. Aquí tienes cinco consejos que te ayudarán a ser un mejor oyente:

1. **Averigua qué es lo que hace enfadar a la otra persona.** Cuando sabes por qué alguien está enfadado, puedes empezar a entender su punto de vista. Escuchar para ver por qué alguien está enfadado o frustrado, puede ayudarte a identificar cualquier problema potencial. Pídele a la persona que te explique su enojo para poder entender mejor la situación. A veces tendrás que esperar a que la molestia baje, sé consciente de eso.

2. **Observa las señales de comportamiento.** Una vez que entiendas el punto de vista de la persona, es importante que prestes atención a su forma de comunicarse. ¿Utiliza palabras o acciones que revelen lo que están pensando o sintiendo? Esta información puede ayudarte para comprender mejor la situación.

3. **No dejes pasar la oportunidad de opinar.** Si no te

sientes cómodo con una sugerencia, házselo saber a la persona y prepárate para explicar tus razones. Es importante no cerrarse demasiado a los demás, especialmente cuando se trata de negociaciones o conflictos. Siempre trata el tema de forma cordial y respetuosa.

4. **Sé consciente de tus propios pensamientos y sentimientos.** Esto puede ayudarte a entender mejor la perspectiva de los demás y a tener en cuenta sus sentimientos en la situación.

5. **Tómate el tiempo necesario para escuchar de verdad.** Esto ayudará a generar confianza y a crear una relación sólida.

En el ámbito laboral, el saber escuchar nos ayuda a identificar los problemas y entender lo que quiere expresar nuestros compañeros y tus jefaturas. La ausencia de esta habilidad de escucha activa, podría producir una ruptura en la relación, que en algunos casos es el motivo perfecto para justificar un despido.

34. Conoce y acepta tus propios límites

El mundo está lleno de personas que creen que pueden hacer más de lo que realmente pueden, y con ello alcanzan rápidamente sus límites mientras decepcionan a todos los que han depositado su confianza en ellos. Esto no sólo se aplica a los negocios, sino también a los aspectos más personales de la vida. Para evitarlo, mi consejo es que conozcas tus propios límites y los aceptes. Aceptarse a sí mismo es el primer paso para evitar la decepción y lograr el éxito.

Muchas personas tienen una percepción negativa de los límites. Creen que son restrictivos y que no deberían existir. En realidad,

los límites personales nos ayudan a mantener relaciones salud-
ables y contribuyen a nuestro bienestar.

Sin límites, es difícil que las relaciones prosperen y sean satisfac-
torias, por lo que suelen dejar paso a la decepción, el resentimiento y la frustración. Ser capaces de establecer diferentes tipos de
límites personales es fundamental para proteger nuestro espacio
personal y construir nuestra identidad, lo cual protegerá nuestra
salud mental a largo plazo.

Los siguientes son 5 consejos que te ayudaran a conocer tus
limites:

- Determina qué puedes y qué no puedes hacer.

- Márcate objetivos y mide tus progresos.

- Sé sincero contigo mismo y con tus compañeros de trabajo.

- Toma medidas para mejorar tu situación o alcanzar tus
  objetivos.

- Celebra tus éxitos y aprende de tus errores.

Obviamente la idea es no conformarse con lo que sabes y puedes
hacer. Eres un ser pensante y tu objetivo es siempre empujar los
limites un poco más. Para lograr crecer intelectual y emocionalmente día a día, te invito a realizar el siguiente ejercicio.

- Dedica una cantidad de tiempo específica a una tarea con
  la que te sientas mucho más cómodo.

- Intenta realizar una tarea en la que tengas menos experiencia, pero en la que te sientas seguro.

- Establece un objetivo y trabaja para conseguirlo hasta que lo sientas alcanzable.

- Retrocede y analiza tu trabajo anterior para ver si hay áreas en las que podrías haberlo hecho mejor.

- Celebra tus progresos y enorgullécete de tus logros.

35. Aprende a tomar decisiones

¿Cuántos de nosotros abordamos las situaciones tomando la decisión desde un lugar de miedo o carencia? Si eliges mirar todo con una mentalidad temerosa o escéptica, es increíblemente probable que tomes decisiones erróneas. La mente es realmente poderosa y bastante tramposa. No distingue entre pensamientos y acciones. Sólo puedes controlar los pensamientos que produces.

Al tomar decisiones metacognitivas (sobre la naturaleza del pensamiento), puedes elegir no pensar en patrones que levantan muros bloqueados de juicio, pesimismo o autodestrucción. Cuando te enfrentas a una decisión que debes tomar, ¿qué haces antes de tomarla? ¿Te vuelves loco con tus pensamientos hasta que esencialmente te mareas? ¿Dejas que otro tome las decisiones por ti?

Es importante abordar las decisiones con curiosidad y siguiendo una lógica. Para ayudarte en tu toma de decisiones y así aplicarlo al ámbito laboral en el que te desempeñes, puedes seguir el siguiente orden al momento de tomar una decisión acertada:

- **Definir el problema**: El primer paso es definir de manera correcta el problema. Por ejemplo, puede que te estés planteando qué oferta de empleo escoger, cuando realmente la pregunta que te debes formular es si quieres comenzar a trabajar o prefieres seguir formándote para cumplir con tus objetivos. Por ello, es importante que analices la cuestión en profundidad, sin dejarte llevar por prejuicios o para dar por sentadas determinadas opciones.

- **¿Cuáles son las opciones?**: Enfócate en valorar simplemente los pros y los contras de cada una de las opciones. Como primera aproximación está bien. El problema es que resulta insuficiente e interminable, en el sentido de que puedes permanecer durante semanas alargando esta lista de ventajas y desventajas sin decidirte. Es más, seguro que te has descubierto a ti mismo en esta situación, pasando en bucle de la columna de lo bueno de una opción a lo malo de la otra. Y cuando ya tenías decidido A, empiezas a ver todos los problemas que te va a dar, y te vas a B en un círculo vicioso y eterno.

Simplemente revisa rápidamente los pros y contras y continua a la siguiente pregunta.

- **¿Cuáles podrían ser las consecuencias?**: Piensa; ¿esta decisión afectará a mi vida dentro de 1 año? ¿Y de 5 o de 10 años? Algo que puede ayudarte es distinguir bien el alcance que tu decisión puede tener en tu vida a corto, a medio y a largo plazo. Esto influirá en que estés más o menos dispuesto a arriesgar ciertas cosas y a afrontar algunas dificultades añadidas. Intenta visualizarte a lo largo de una línea de tiempo, y observar la repercusión que puede tener en ti esta decisión.

- **¿Qué es lo peor que podría pasar, si te equivocaras?**: Esta pregunta ayuda a entender el peor escenario posible, al tiempo que tomas conciencia de la repercusión práctica real. Una vez que visualizas el resultado más negativo de la opción elegida, pregúntate si las consecuencias afectarían a un área importante de tu vida, cómo y cuánto.

¿Te imaginas afrontándolo?

¿Te sientes capaz de abordar el peor de los escenarios?

Y de estas reflexiones, enlazaríamos con la siguiente cuestión.

- **Llevar a cabo la decisión**: Cuando implantas una solución o alternativa, tendrás que notificarlo previamente a todos las personas implicadas. Deberás seguir un plan para que tu decisión sea tangible y realizable. Además, hay que considerar si conviene ejecutar la decisión inmediatamente o si es mejor esperar.

- **Seguimiento**: Una vez estás poniendo en marcha tu solución, te conviene hacer un seguimiento que te permita tener todo bajo control. Esta retroalimentación es clave para ir adaptando o haciendo ajustes si la situación lo requiere, tanto en el proceso como en los recursos o personas implicadas.

- **Evaluación**: Una vez implementada la solución, tendrás que evaluar los resultados obtenidos y revisar si estos son satisfactorios. Siempre analiza todo desde el punto de vista del crecimiento personal o laboral, dependiendo del ámbito dónde tomaste la decisión.

Atrévete a hacer preguntas correctas.

Una de las formas más eficaces de persuadir y congeniar con la gente es haciendo preguntas. Hacer las preguntas correctas puede ayudarte a construir relaciones auténticas y de calidad.

Te sorprendería la respuesta que obtienes cuando haces las preguntas adecuadas. Hacer preguntas también hace que la gente se sienta a gusto porque sabe que estás realmente interesado en lo que tienen que decir. Así que pregunta a la gente sobre sus intereses, sus preocupaciones y su vida. Si no están de humor para compartir, no pasa nada, porque igual entenderán cuando les des espacio.

Si la persona está interesada en un tema determinado, puedes preguntarle desde cuándo le interesa ese tema o cómo empezó. También puede preguntar a la gente sobre sus sentimientos o pensamientos sobre un tema concreto. Si la persona está teniendo un mal día, simplemente agradécele su tiempo.

36. Aprende a crear Rapport de forma natural con las personas

Hay muchas técnicas diferentes que se pueden utilizar para crear rapport con alguien. Una de las más importantes es entender cómo piensa y se comunica la otra persona. Hay que ser capaz de "hablar su idioma" para conectar con ella a un nivel más profundo. Una vez establecida la relación, te resultará más fácil persuadirla. Algunas formas de crear rapport:

- Una forma de crear una buena relación es reflejar el lenguaje corporal de la otra persona. Si se inclina, tú también deberías inclinarte. Si se cruza de brazos, puedes hacer lo mismo. Esto te ayudará a conectar con ellos a un nivel más profundo y a demostrar que estás interesado en lo que tienen que decir.

- Otra forma de establecer una buena relación es utilizar tonos de voz similares. Si la otra persona habla con una voz aguda, intenta igualar su tono. Si habla con voz grave, haz lo mismo. Esto te ayudará a sonar más como ellos y a parecer más digno de confianza.

- Por último, puedes utilizar palabras y frases similares. Si la otra persona utiliza muchos adjetivos, tú haz lo mismo.

Por ello, es muy importante que te tomes el tiempo necesario para conocer realmente a la otra persona. Tienes que estar abierto a ellos y mostrar que estás dispuesto a entender su perspectiva. No significa que tengas que estar de acuerdo, pero tienes que demostrar un interés genuino en ellos como persona.

Con un poco de esfuerzo por tu parte, la relación puede establecerse rápidamente. Una vez que lo hayas hecho, te resultará mucho más fácil persuadirlos o influir en ellos de forma positiva.

El último paso para crear una poderosa relación personal o empresarial, es dedicar el tiempo y la energía necesarios para conocer realmente a la otra persona. Esto significa tener la mente abierta, mostrar un interés genuino en ellos como persona y entender cómo se comunican. Establecer esta conexión te permitirá, en primer lugar, una mejor comunicación con esa persona, pero también una forma más fácil de persuadirla porque está hablando tu idioma a un nivel más profundo. La creación de relaciones requiere trabajo, pero merece la pena cuando ves que tus relaciones florecen.

37. ¿Y si la persona se resiste a mí?

Es esencial saber cómo mantener una relación abordando las diferencias. La mayoría de los conflictos se producen entre personas que no se comunican bien. Si te encuentras en una situación así, pon en práctica estos consejos para cambiar tu forma de relacionarte con esa persona. Se trata de ser respetuoso y estar abierto a otros puntos de vista.

Primero identifica el problema. Antes de empezar cualquier trabajo con los demás, da un paso atrás y analiza a la persona que se resiste a ti o a tus ideas. Averigua si su motivación es la falta de conocimiento o un simple malentendido. Cuanto mejor entiendas cuál es su problema, más fácil te resultará abordarlo adecuadamente.

A continuación, algunos puntos que debes tener en cuenta cuando tienes que lidiar con alguien complicado:

1. **Mantén la calma**. No te dejes llevar por el calor del momento. En situaciones con alta carga emocional, gritar, acusar y señalar con el dedo solo va a empeorar todo. Por más difícil que sea, mantén el tono de voz bajo y tranquilo. Controla tu respiración con inspiraciones profundas y lentas.

2. **Sé un buen oyente**. Escuchar es el paso número uno para lidiar con gente complicada. Todo el mundo quiere ser escuchado y no se puede lograr progreso hasta que la otra persona se siente reconocida. Mientras estás escuchando, enfócate realmente en lo que la otra persona está diciendo, no en lo que quieres decir a continuación.

3. **Déjalos terminar de hablar**. Interrumpir puede escalar las cosas. Si te mantienes calmado y centrado, la gente difícil podrá entender y empezarán a tranquilizarse.

4. **Sé respetuoso**. Claro que hay límites, pero independientemente de cómo te trata la otra persona, evita mostrar desprecio. Esto sólo va a empeorar el conflicto. No juzgues, porque no sabes lo que esta persona está pasando y tampoco por qué se comporta así. Lo más probable es que sienta miedo o sea alguien más vulnerable. Busca el motivo oculto de la agresividad. ¿Qué realmente esta persona está intentando ganar o encubrir? Además, no te lo tomes como algo personal.

5. **Manifiesta tus puntos de vista de forma clara y asertiva**. No le brindes a la persona la oportunidad de manipu-

larte o distorsionar tus palabras. Haz que tus enunciados empiecen en primera persona y no formules acusaciones hacia la otra persona. Di, por ejemplo: *"Comprendo que estás molesto porque llegué tarde. Yo me sentiría igual si fuera tú. Por desgracia, la línea del metro se averió esta mañana y todos nos quedamos atrapados en la estación. Lamento mucho haberte hecho esperar".* Nunca digas algo como: *"Estás loco si esperabas que llegue puntual a nuestra cita cuando el sistema del metro se averió. Si de verdad te preocupas tanto por mí, hubieras buscado el itinerario de la línea en internet para verificar qué estaba pasando".*

6. **Pon límites**. Aunque sea importante escuchar y dejar que la otra persona se desahogue, hay que poner algunos límites y no dejar que nadie te humille o se pase de la raya. Si esto ocurre, no dudes en pedir el respeto que mereces, siempre siendo cordial, pero firme. Recuerda que quizá eres el responsable del motivo de su enojo, pero no lo eres de su descontrol emocional. Comparte tu propia historia con la otra persona para que entienda la situación y con suerte, la relacione con sus propias experiencias también.

7. **Pide ayuda**. Si sientes que la relación con la persona no está progresando y tiene que hacerlo, busca un mediador potencial. Es probable que tu jefe pueda ayudarte a mejorar la situación. Si el conflicto se desarrolla dentro de la familia, busca una persona imparcial que les ayude a negociar. Haz lo posible por compartir tus quejas solo con personas de tu confianza.

8. **Luego de la discusión, libera la tensión y el estrés**. Durante el conflicto has tenido que hacer un esfuerzo enorme para controlar tus reacciones naturales. Pasada la tormenta, no dejes que las emociones se queden guardadas en tu cuerpo y encuentra una manera de descar-

gar la adrenalina acumulada. Puedes ir a correr, quedarte con un amigos o hasta hacer una clase de boxeo. La actividad no importa. Lo fundamental es mimarte un poco después.

9. **Acepta que siempre existirán personas difíciles**. No importa dónde te encuentres (en tu casa o en el trabajo), siempre te toparás con personas que parecen vivir para lastimar a otros. El secreto está en aprender a lidiar con este tipo de personas.

Chapter 8
Comienza a cambiar "ciertas" creencias

Las creencias son suposiciones que hacemos sobre el mundo, y son también una parte importante de la PNL. Primero identifica tus creencias. Una vez que las conoces, puedes empezar a cambiarlas si es necesario.

Hay tres tipos principales de creencias:

- **Creencias positivas**: Son creencias que te apoyan y te dan poder. Incluyen cosas como "soy capaz", "puedo hacer cualquier cosa que me proponga" y "soy bueno en lo que hago".

- **Creencias negativas**: Son creencias que te limitan o restringen. Incluyen cosas como "no soy lo suficientemente bueno", "no puedo hacerlo" y "no soy digno".

- **Creencias neutras**: Son creencias que no tienen realmente una consecuencia directa en tus vidas.

Las creencias positivas son importantes porque te ayudan a mantenerte motivado y centrado en tus objetivos. Las creencias negativas, en cambio, pueden frenarte e impedirte alcanzar tus objetivos.

Es importante ser consciente de tus creencias para poder cambiarlas si lo necesitas. Puedes hacerlo identificando las situaciones en las que tus creencias te limitan. Una vez que lo hagas, puedes empezar a cambiarlas por creencias positivas que te apoyen y potencien.

Muchas de tus creencias son irracionales, es decir, no se corresponden con la realidad. Pueden ser perjudiciales, porque pueden conducir a pensamientos y emociones negativas.

Cuando crees que algo es cierto, aunque no haya pruebas que lo respalden, puedes acabar sintiéndote mal contigo mismo. Por eso es importante debilitar las creencias irracionales identificándolas y cuestionándolas. También puedes intentar actuar como si no fueran ciertas, haciendo las cosas que crees que no puedes hacer. Al hacer esto, puedes empezar a romper el sistema de creencias que nos está causando daño.

Algunas de tus creencias están tan arraigadas que nos resulta difícil cuestionarlas. En estos casos, puedes intentar debilitarlas actuando como si no fueran ciertas. Por ejemplo, si crees que eres malo en matemáticas, puedes intentar hacer problemas matemáticos de todas formas, aunque no creas que vayas a tener éxito. Esto ayudará a debilitar la creencia negativa.

Ahora revisemos como se ven las creencias en el día a día:

Un día, Alice se dirigía al trabajo cuando vio a un hombre en la calle con un cartel que decía "No tengo casa". Alice se compadeció de él y le dio algo de dinero.

Cuando llegó al trabajo, les habló a sus compañeros del hombre y de cómo le había ayudado.

Uno de sus compañeros, Bob, dijo que no creía que el hombre realmente no tuviera casa. Dijo que probablemente el hombre sólo quería aprovecharse de la amabilidad de la gente. Esto hizo que Alice se enfadara. Pensó: *"¿Cómo puede Bob decir eso? Él sabe que soy una persona amable y que sólo le di dinero al hombre porque quería ayudarle".*

Este es un ejemplo de cómo la creencia de Alice de que es una persona bondadosa la llevó a actuar amablemente con el hombre de la calle. Sigamos con el ejemplo.

Cuando Alice llegó a casa esa noche, habló con su marido sobre lo que había dicho Bob. Le dijo lo mucho que le enfadaba que él no le creyera. Su marido le respondió que pensaba que Bob sólo intentaba ser realista. Dijo que hay mucha gente que se aprovecha de la bondad de los demás.

Esto hizo que Alice se replanteara su creencia de que era una persona amable. Empezó a pensar que tal vez Bob tenía razón y que hay mucha gente por ahí que es deshonesta. Esta nueva creencia hizo que empezara a desconfiar de la gente, lo que hizo que le resultara más difícil confiar en alguien, incluidos sus compañeros de trabajo y su marido.

Las personas como Alice a menudo no pueden ver su propio sesgo hacia la creencia de que siempre son amables u honestos. Es perfectamente comprensible que alguien que sólo quiere ayudar a los que le rodean actúe con amabilidad, pero es importante que todos recordemos que no puedes saberlo todo sobre todo el mundo, y que a veces tus suposiciones no son del todo correctas.

Al final no es importante si el hombre sin hogar mentía o no. El punto a destacar, es que las creencias son los pensamientos que tenemos una y otra vez. Suelen basarse en tus experiencias personales y en la información que has obtenido de otras personas. Tiendes a creer lo que quieres creer, y esto a menudo puede conducir a creencias irracionales. Para debilitar tus creencias, tienes que cuestionarlas y mirarlas desde una perspectiva diferente. También puedes intentar refutarlas buscando pruebas que las contradigan.

¿Por qué no puedo deshacerme de una creencia una vez que se ha formado?

La mejor manera de librarse de las creencias es deshacerse de la justificación de las mismas. La mayoría de la gente decide creer en algo sólo porque sí, y cuando más tarde descubre nuevas pruebas en contra, cambia fácilmente de opinión. Una estrategia mejor que intentar combatir las creencias es atacar sus fundamentos.

Un racionalista sabe que las creencias se basan en pruebas y que ninguna creencia es sagrada. La clave está en encontrar el equilibrio adecuado entre confiar en tus sentimientos viscerales y estar abierto a nuevas pruebas o perspectivas.

38. La forma correcta de cambiar creencias limitantes

Una forma fácil de cambiar una creencia con PNL es utilizar una o más de las siguientes preguntas cuando te encuentres en una situación en la que tus creencias te estén limitando:

- *¿Qué ocurrirá si no lo hago?*

- *¿Cuál es otra creencia que podría ayudarme a superar esta situación?*

- *¿Cómo podría sentirse otra persona en esta situación?*

Por ejemplo, si no estás seguro de si tu procrastinación está causada por una creencia racional o irracional, sigue trabajando en el cambio de tus comportamientos para ver si hay algún cambio. Sigue probando cosas diferentes hasta que encuentres algo que funcione.

Si alguien se queja de lo difícil que es hacer cambios en su vida, yo le preguntaría qué podría pasar si no hace ningún cambio. Esto suele iniciar una conversación que ayuda a la persona a explorar la creencia que está causando la procrastinación. También encuentro que este tipo de preguntas puede ayudar a las personas a explorar creencias más racionales.

"Nunca olvides que nuestra realidad es solo un mapa que se puede modificar a nuestro gusto"

Son muchos los expertos en PNL que indican que la compresión del mundo está enlazada directamente con nuestro lenguaje y las ideas que logramos crear con ello. En nuestro campo, en la PNL, a esto se le conoce como creencias limitantes.

Para contextualizar lo que son las creencias limitantes, veámoslo con un ejemplo:

Pedro, quien actualmente es un hombre de 35 años, siempre ha tenido un distanciamiento con lo que son los números, específicamente con las matemáticas. Cuando Pedro era pequeño, al igual que muchos niños, tuvo la mala experiencia de sacarse una mala calificación en un examen de matemáticas, pero a él lo afecto de sobremanera, lo cual lo dejo marcado de por vida. Con el pasar de los años, asumió que las matemáticas eran difíciles, que él no era lo suficientemente inteligente como para aprenderlas y que definitivamente no eran para él. Se dedicó a evitarlas y nunca pensó más allá de ese desafortunado examen.

En el caso anterior, puedes reconocer que la creencia limitante es el hecho de que Pedro cree que las matemáticas son difíciles y que él nunca podrá aprenderlas, motivo por el cual las evita. Este pensamiento se lo tomó tan enserio, que efectivamente decretó que las matemáticas deben estar alejadas de su vida. Así es como la mayoría de las personas se dejan llevar por cómo los eventos cotidianos forjan su mentalidad y creencias, ya sea para bien o para mal.

Un dato revelador es que el problema no está en las creencias en sí, si no en la forma en que piensas sobre ellas, o, dicho de otra forma, a la falta de opciones que se adapten al contexto en donde estás y al objetivo que quieres conseguir.

Por lo cual puedes entender que las creencias sí se pueden cambiar, pero lo que se necesita no es motivación, ni una pastilla mágica. Lo que se necesita para cambiar lo que creemos, son opciones y formas de pensar distintas. Nuevos caminos en nuestro mapa mental.

Cuando quieres aprender a eliminar las creencias limitantes, mi consejo es imaginar que entre tus manos tienes un mapa con un detalle del camino que debes seguir para encontrar un tesoro.

Podrías compararlo con el mapa que utilizan los piratas cuando buscan un tesoro en las películas. El mapa será tu campo de acción. No te preocupes si aún no comprendes cómo usarlo. Solo imagínalo en tu mente.

Para usar tu mapa del tesoro, necesitas saber que en él hay diversos componentes, entre los cuales están:

- El origen: es el lugar donde te encuentras en este momento. Es tu realidad actual.

- El objetivo (el tesoro): Es donde quieres llegar, tu recompensa.

- Los obstáculos: Estos son impedimentos que "bloquean" el camino al tesoro. Estos obstáculos son tus creencias limitantes.

Volviendo a la historia de Pedro y su mala relación con las matemáticas:

Imagina que Pedro tomó la decisión de dejar atrás ese miedo sin sentido a las matemáticas. Siente y sabe que aprenderlas le abrirá un montón de puertas y oportunidades a la hora de conseguir un trabajo. ¿Pero cómo puede eliminar esa creencia que lleva años dando vueltas en su cabeza? Él ya tiene su mapa del tesoro. Y lo elaboró mentalmente respondiendo las siguientes preguntas:

¿Cuál es mi objetivo (o tesoro)?

Su objetivo es el lograr aprender matemáticas y para ello debe eliminar todo temor que existe de por medio.

¿Cuál es su origen o punto de partida?

Su partida es el hoy, el ahora. Es cuando toma la decisión de enfrentar esa creencia limitante de tenerle miedo a los números.

¿Qué camino seguirá? ¿Existe solo un camino o varios que lo lleven a su objetivo?

Pedro sabe que, como todo mapa, hay muchos caminos que lo pueden llevar a encontrar el tesoro, pero también sabe que hay muchos peligros y rutas difíciles de por medio. Esas rutas difíciles están plagadas de creencias limitantes como podrían ser el pensar que "ya estoy muy viejo para aprender" o "voy a hacer el ridículo", al igual que un pirata se puede enfrentar a varios peligros en su camino al tesoro, como podrían ser animales salvajes, tormentas en el mar abierto o incluso otros piratas que le quieran impedir el paso.

Ahora que Pedro sabe lo que tiene que hacer, tiene 3 opciones qué elegir.

1. Buscar caminos alternativos que sean más simples y menos dolorosos.

2. Abandonar el intento de conseguir el tesoro.

3. Considerar que, para sus objetivos, no saber matemáticas no es un mayor problema. Por lo cual lo abandona, pero también abandona la creencia limitante que produce dolor.

Es fácil no hacer nada y dejar pasar cualquier situación que te genere una creencia limitante. Por lo tanto, para que tu mapa del tesoro sea siempre tu mejor guía si te planteas eliminar creencias limitantes, lo que debes hacer es generar más opciones o caminos alternativos para llegar al tesoro. Siempre hay alternativas, lo importante es no mantenerte en ese camino que te produce dolor o que te hacer ver todo como imposible.

"Para cambiar nuestro modo de pensar, primero debemos ser capaces de cuestionarlo".

9

Persuasión, el arte de conseguir lo imposible

La persuasión es un arte y una habilidad muy poderosa, de hecho, podría ser la habilidad más poderosa del mundo. La capacidad de persuadir puede hacer que consigas lo que quieres de la vida.

La persuasión consiste en ser capaz de provocar un resultado deseado en la mente de otra persona. Esto se conoce comúnmente como ser capaz de venderle algo a alguien, pero tú puedes usar la persuasión todos los días en una variedad de formas. Puede que no te des cuenta, pero la persuasión juega un papel importante en tu vida diaria.

Para conseguir que la gente acepte la idea de tu producto, servicio o incluso que te contraten, tienes que saber cómo convencerles, no sólo decirles. Con tantas técnicas de persuasión disponibles, nunca es demasiado tarde para aprender y empezar a tomarse en serio esta habilidad. La capacidad de persuadir puede ayudarte a conseguir lo que quieres, ya sea convencer a tu jefe de que te dé un aumento de sueldo o conseguir que tus amigos vayan a su fiesta. También puede ayudarte a progresar en tu carrera, ya que la persuasión suele ser un componente clave para el éxito de las negociaciones. Y, por último, la persuasión puede ayudarte a establecer mejores relaciones al conseguir que la gente vea las cosas a tu manera.

Es importante tener en cuenta que la persuasión no sólo implica convencer o engatusar a la gente para que haga algo, sino que se puede influir y persuadir a la gente simplemente creando un escenario que les atraiga y ganándose la confianza de los demás. Los mejores persuasores simplemente escuchan y tratan de entender lo que la otra persona quiere, y luego encuentran la manera de dárselo.

Algunas personas pueden creer que la persuasión es una palabra sucia, pero la verdad es que la persuasión es una herramienta poderosa que puede utilizarse para bien o para mal. La clave es utilizar la persuasión de forma positiva y ser siempre sincero con la persona a la que se intenta persuadir.

Si quieres mejorar tus habilidades de persuasión, hay algunas cosas que puedes hacer.

En primer lugar, intente ser un mejor oyente. Es importante entender lo que quiere la otra persona antes de empezar a intentar persuadirla.

En segundo lugar, ponte en el lugar de la otra persona. Intenta ver la situación desde su perspectiva y entender su punto de vista.

Por último, sé siempre sincero con la persona a la que intentas persuadir. Mentir o manipular a la persona sólo será contraproducente a largo plazo.

Si puedes centrarte en estas tres cosas, estarás en camino de convertirte en un mejor persuasor. Y lo mejor de todo es que la gente empezará a confiar en ti de forma natural, lo que facilitará aún más la persuasión. Así que empieza a escuchar y a tratar de entender lo que quiere la otra persona, y estarás en camino de ganarse su confianza.

El siguiente es un ejemplo de persuasión utilizado de forma positiva y con sinceridad, en una situación de venta puedes decir lo siguiente:

"Comprendo que pueda sentirse un poco escéptico con respecto a este producto, y lo entiendo perfectamente. Yo también era escéptico cuando oí hablar de él por primera vez. Pero después de investigar un poco, descubrí que este es el mejor producto para _ _ _ _ _ (rellena el espacio en blanco con un beneficio). No sólo hace _ _ _ _ _ (rellena el espacio en blanco con otro beneficio), sino que también tiene un costo muy accesible. Así que creo que definitivamente vale la pena probarlo".

Otro ejemplo, pero ahora para lograr que algún amigo o familiar actué de la forma en que tu deseas, puedes hablarle así:

"Sé que te sientes inseguro sobre esta decisión. Yo me sentía igual cuando me lo planteé por primera vez. Pero después de hablar con algunas personas que han tomado esta decisión, me di cuenta de que era lo mejor para mí. Y creo que también puede ser lo mejor para ti".

La persuasión nunca es fácil. No hay trucos que sirvan para convencer a la gente de las cosas al instante (o no hay ninguno que dure mucho tiempo, para ser sinceros). Pero la persuasión no tiene por qué ser una tarea difícil. Hay formas de hacerlo más fácil, y todo se reduce a aprender cómo piensa la gente y qué les mueve. La persuasión está en el centro de todo lo que haces. Puede que no veas venir la persuasión, pero está ahí.

Y lo cierto es que utilizarla es muy útil, especialmente cuando tienes una meta que conseguir. Convencer a la gente para que haga lo que quieras es una habilidad que, aunque no se aprende en una sola noche, sí que puedes aprender si tienes paciencia y si te lo propones.

39. Principios básicos para Persuadir correctamente

El arte de persuadir a la gente es una verdadera habilidad que todos deberían tener y que muy pocos saben cómo lograr. Hay veces en las que necesitas convencer a alguien para que haga algo, ya sea para que acepte salir contigo o hacerte un favor, y tienes que ser capaz de convencer a esa persona. No cualquiera puede lograr ser un gran persuasor, en realidad no hay una sola clase o técnica para cómo lograrlo, ya que dependerá de la personalidad y el estilo de cada persona. Sin embargo, hay unos principios generales que pueden ayudar a mejorar tus habilidades en la persuasión.

El primero es entender que la persuasión es una habilidad social, y como tal, requiere de una comunicación efectiva. Para persuadir a alguien, necesitas comprender sus motivaciones y darle un mensaje que sea coherente con ellas. Si logras entender qué es lo que esa persona busca, podrás darle un mensaje que la convenza de que tu objetivo es también el suyo.

Otro principio importante es ser convincente. No basta con tener un buen argumento, también tienes que ser capaz de exponerlo de forma que la persona quiera escuchar. Tienes que ser claro, conciso, y utilizar argumentos que la persona pueda entender. También debes ser respetuoso y asegurarte de que tu tono es amable y positivo.

Por último, debes ser persistente. La persuasión no es un proceso rápido, y puede llevar tiempo y múltiples intentos conseguir que la persona esté de acuerdo contigo. Tienes que estar dispuesto a seguir intentándolo hasta que encuentres un mensaje que resuene con la persona.

40. Técnicas de persuasión infalibles

En el mundo de los negocios, las técnicas de persuasión se utilizan a menudo para influir en las personas para que tomen decisiones. Los políticos, los vendedores de coches usados y los presentadores de infomerciales tienen algo en común: son hábiles para influir en la gente. Esta es una habilidad crucial para conseguir lo que quieres en la vida.

Mientras que algunas personas parecen ser naturalmente buenas para la persuasión, otras pueden necesitar un poco de ayuda para dominar el arte de influir en los demás. Si quieres aprender a persuadir a la gente de forma hábil y eficaz, sigue leyendo.

La persuasión a menudo se utiliza para conseguir que alguien haga algo que quizá no quiera hacer, como acceder a una petición o comprar un producto. la persuasión puede utilizarse para bien o para mal, pero cuando se utiliza para bien, puede ser una herramienta con muchos beneficios.

Para desarrollar la capacidad de persuasión, hay que entender los fundamentos de la retórica. La retórica es el estudio de cómo utilizar el lenguaje con eficacia para persuadir a los demás. Incluye el estudio de la argumentación, la presentación y el estilo.

Para ser persuasivo, hay que presentar un buen argumento. Un argumento es un proceso de razonamiento lógico que adopta una posición sobre una cuestión y aporta pruebas que la apoyan. Para que un argumento sea sólido, hay que aportar pruebas que sean creíbles y pertinentes. También hay que utilizar un lenguaje claro y convincente.

Conocer los fundamentos de la retórica es clave para entender la persuasión. Cuando intentes comunicarte con los demás, recuerda que no basta con decirles lo que quieres o necesitas que hagan, sino que también tienes que explicarles por qué deberían escuchar tu argumento. A veces, si la gente no entiende realmente el sentido de tu mensaje, puede que no les convenza. Así que asegúrate de presentar tu mensaje de forma que capte la atención de la gente y muestre de forma convincente los méritos de tu petición.

Gran parte de la vida tiene que ver con la persuasión, desde intentar convencerte de que eres capaz de salir a correr después de un largo día de trabajo, hasta convencer a tu jefe de que te dé un aumento de sueldo y persuadir a tus hijos de que se coman las verduras. Por desgracia, no nacemos con estas habilidades: debemos aprenderlas y practicarlas. Cuanto antes empieces a aprenderlas, mejor te irá a lo largo de tu vida.

La persuasión es una habilidad que puede aprenderse y mejorarse a medida que se adquiere más experiencia. Ya no tendrás que discutir contigo mismo sobre si salir a correr o no, ni regañar a tus hijos para que se coman las verduras... ¡solo tienes que aprender las habilidades y practicarlas!

Para persuadir a la gente puedes utilizar más de una técnica a la vez, dependiendo de a quién intentes influir. Si la persona es alguien que conoces bien, entonces puedes utilizar apelaciones más personales. Si no es así, los enfoques más tradicionales funcionan mejor. La clave está en aprender qué tácticas son las más adecuadas para tu situación y ponerlas en práctica.

La gente se convence de diferentes maneras. Sería imposible enumerar y explicar todas, pero a continuación te enseñaré los métodos más comunes y efectivos:

41. Razonamiento: Convencer a la gente mediante con la lógica

Un ejemplo de persuasión mediante el razonamiento, es cuando se utiliza la lógica para intentar convencer a alguien de que haga algo. Puedes darles pruebas o ejemplos para respaldar tu argumento. Esta puede ser una forma muy eficaz de conseguir que alguien vea tu punto de vista y cambie su comportamiento.

Un ejemplo de esto sería una situación en la que se intenta conseguir que alguien vote. Podrías darle pruebas de que, si no vota, su candidato preferido podría no ganar, y eso significaría que no tendría voz en el gobierno. También puedes darles pruebas de que, incluso si su candidato no gana, pueden marcar la diferencia votando.

42. Refuerzo positivo

Esta técnica se trata de que premies el comportamiento deseado, ya sea alabando a las personas, dándole recompensas o hablando bien de ellas.

Por ejemplo, se puede elogiar y recompensar a los estudiantes por su buen rendimiento en un examen. Si los estudiantes saben que serán recompensados por esto, es más probable que se esfuercen en un examen.

Otro ejemplo podría ser en tu familia, cuando ves que tus hijos están jugando y al terminar recogen sus juguetes, puedes hacer uso de elogios adecuados para motivarlos y reforzar positivamente su comportamiento. Los puedes felicitar con palabras agradables, o por otro lado, decirles que todo lo que ordenaron se ve muy bonito o mejor que antes.

El refuerzo positivo es el proceso de recompensar un comportamiento para aumentar la probabilidad de que se repita en el futuro. El refuerzo positivo no implica castigos ni consecuencias negativas, sino recompensas positivas por comportamientos que son deseables.

43. Refuerzo negativo

Lo contrario a la técnica anterior. Aquí se castiga el comportamiento no deseado retirando algo que la persona disfruta o prometiendo que habrá consecuencias si sigue comportándose de esa manera.

Por ejemplo, dentro de una empresa hay un trabajador que juega en la computadora o pasa mucho tiempo en las redes sociales durante las horas de oficina. Él está desaprovechando los recursos y el jefe se da cuenta, así que empieza a monitorear de cerca a ese empleado, sin esconder que lo está haciendo. Inmediatamente su trabajador dejará de perder tiempo y realizará sus tareas lo mejor que pueda. Es eso o ser despedido. Esta práctica alentará a los demás empleados a hacer sus tareas durante las horas de trabajo.

44. Culpabilidad

Convencer a alguien haciéndole sentir culpable es una herramienta muy eficaz, pero no positiva.

Un ejemplo de persuasión por culpa sería el de un padre que no puede regalarle a su hijo una computadora debido a problemas económicos, pero éste se lo sigue pidiendo. El padre se siente culpable porque sabe lo mucho que el hijo quiere la computadora, motivo por el cual busca otros medios para conseguir lo que el hijo desea.

No hay ninguna discusión de que la persuasión es poderosa. Si puedes persuadir a la gente de hacer algo, estás en control de su mundo. Sin embargo, hay límites a la hora de persuadir a alguien.

La persuasión es una herramienta valiosa que puede utilizarse en el momento y el lugar adecuados, pero, como ocurre con cualquier otra cosa, se puede abusar de ella. Saber cuándo no utilizar tácticas persuasivas te ayudará a evitar la manipulación y otras consecuencias desagradables.

Hay algunas señales que pueden ayudarte a determinar cuándo no debes persuadir a la gente:

1. Si la persona se siente presionada, es menos probable que se deje persuadir.

2. Si la persona se resiste o está enfadada, es mejor dejar de intentar persuadirla.

3. Si la persona ya ha tomado una decisión, es poco probable que se le convenza de hacer otra cosa.

En algunos casos, es mejor alejarse y volver más tarde. La persuasión es un arte que requiere tiempo y delicadeza: saber cuándo no utilizarla te convertirá en un persuasor más eficaz.

Si sientes que tienes que dejar de persuadir a alguien, suele ser porque te preocupa su bienestar. Es importante recordar que la persuasión nunca debe utilizarse a expensas del bienestar de otra persona.

¿Por qué no siempre es bueno persuadir a la gente?

Es importante recordar que la persuasión no debe utilizarse nunca para conseguir que alguien haga algo que no quiere hacer. Esto puede provocar resentimiento y más conflictos en el futuro.

Para que una relación sea sana, ambas personas deben sentirse escuchadas y respetadas.

Un ejemplo de la vida real de cuando no se debe persuadir, es el siguiente:

Hace unas semanas, estaba en la tienda de comestibles y vi a una mujer joven intentando convencer a un señor mayor de que comprara una bebida energizante. El hombre claramente no estaba interesado, y seguía rechazando las ofertas de la mujer. A pesar de los constantes rechazos del señor, ella seguía insistiendo sin darse cuenta que el señor se estaba enfadando.

¿Acaso la mujer no podía darse cuenta que su producto podía incluso ocasionarle un daño mayor al señor?

Las bebidas energizantes se caracterizan por tener un alto contenido de cafeína, lo cual es sumamente contraproducente para personas mayores.

El resultado de esta situación es que lo único que consiguió la mujer es enfadar al señor, provocándole un mal momento e incluso planteándose no volver a ir a esa tienda para evitar pasar por una situación similar en el futuro.

La persuasión **no siempre es eficaz** y, en algunos casos, puede ser incluso **desacertada**. Para tener éxito, más que saber cómo hacerlo, es incluso más importante saber cuándo no hay que persuadir a la gente. Insistir en persuadir cuando las personas se sienten abrumadas o estresadas, cuando ya están convencidas de otra cosa o cuando no tienen autoridad para tomar una decisión solo puede dar como resultado una mala experiencia.

45. Ejercicios para practicar la Persuasión en Casa

La persuasión es una habilidad que se puede aprender, practicar y dominar en tu propia casa.

La clave de la persuasión es entender cómo funciona el cerebro, que es en muchos sentidos como un músculo. Cuando aprendes sobre la persuasión, estás aprendiendo a flexionar este músculo mental para conseguir lo que quieres con más frecuencia que antes. ¿Y la mejor parte? No necesitas ninguna habilidad o entrenamiento especial: ¡sólo tienes que seguir estos 8 ejercicios para practicar la persuasión en casa!

Ejercicio 1: Identifica tu objetivo.

El primer paso es identificar tu objetivo. ¿A qué persona quieres persuadir? ¿Qué quieres que haga? Quizá quieras que tu pareja limpie la casa, haga la comida o te compre algo. O puede que quieras que tu hijo recoja sus juguetes o se levante más temprano. Una vez que identifiques lo que quieres, será mucho más fácil elaborar un mensaje que logre el resultado deseado.

Ejercicio 2: Comprender la perspectiva de la otra persona.

Antes de poder persuadir a alguien, hay que entender su perspectiva. ¿Cuáles son sus creencias y valores? ¿Qué temen? ¿Qué les motiva? Sólo si se tiene en cuenta el punto de vista de la otra persona se puede esperar convencerla con éxito.

Ejercicio 3: Reflejar su lenguaje y su tono.

Es más probable que se persuada a la gente cuando la persona que intenta persuadirla utiliza un lenguaje y un tono parecido a la persona. De esta forma tu pareja o hijos estarán mucho más receptivos al mensaje que quieras darles y es más probable que tengas éxito.

Ejercicio 4: Adaptar el mensaje.

Adapta tu mensaje a la persona a la que intentas persuadir. ¿Cómo le gusta aprender? ¿Cuáles son sus creencias? ¿Qué lenguaje utiliza? Al adaptar tu mensaje, aumentarán las posibilidades de persuadirlo.

Siguiendo los ejercicios anteriores y practicándolos diariamente en tu casa, podrás lograr que los demás hagan lo que deseas. Recuerda que todo requiere de disciplina, así que no te rindas en este proceso y verás como mejoras poco a poco. Empieza por peticiones pequeñas y no tan importantes.

10

Patrones de lenguaje corporal

46. ¿Qué es el lenguaje corporal?

El lenguaje corporal se refiere a las señales no verbales que se envían de un individuo a otro. Puede abarcar gestos intencionados, expresiones faciales y movimientos corporales como el contacto visual y la postura. Todos estos elementos dan una indicación sobre lo que una persona puede estar pensando o sintiendo, por lo que es importante que los tengas en cuenta al conversar con otros.

Antes de comenzar, me gustaría compartir contigo estas breves líneas. Por favor léelas con atención.

1. Los mensajes no verbales representan más del 93% de los mensajes que nos enviamos.

2. La razón principal por la que nos comunicamos a través de señales no verbales es porque son mucho más poderosas que los mensajes verbales.

3. Los mensajes no verbales suelen ser más fuertes que las

palabras, y la gente suele creer más lo que ve que lo que oye.

4. La gente utiliza las señales no verbales para compensar su falta de habilidades sociales o de vocabulario, y puede interpretarse como un signo de culpabilidad cuando la persona a la que estás entrevistando empieza a moverse, arrastra los pies, desvía la mirada y habla en voz baja.

5. La gente se forma el 55% de su impresión inicial de otra persona basándose únicamente en el lenguaje corporal.

¿Impactante no? En este capítulo aprenderás mucho sobre lenguaje corporal y sus variantes.

Se pueden comunicar muchas cosas sin palabras, y los mensajes más fuertes se envían a menudo con el lenguaje corporal. Entender cómo leer e interpretar estas señales es una parte esencial de la inteligencia social.

Por ejemplo, la empatía o la simpatía pueden manifestarse en algunos casos prestando mucha atención al aire de resignación/frustración en el rostro de la otra persona.

El lenguaje corporal ofrece una mirada fascinante a la comunicación no verbal a través de la postura, los gestos, la expresión facial, el contacto visual y otras formas de comportamiento corporal. Este campo abarca muchos tipos diferentes de interacciones humanas, desde reuniones hasta rituales de cortejo. También muestra lo que la gente piensa realmente cuando dice cosas como "sólo estoy escuchando" o "no sé".

Enseguida encontrarás una lista de las preguntas más frecuentes relacionadas con el lenguaje corporal.

47. ¿Qué significa que alguien se cruce de brazos?

Realizar esta acción puede tener o no significado. Por ejemplo, a menos que encuentres un contexto, el cruzar los brazos puede ser una forma de estar más cómodo o si la persona tiene frío, de tratar de llevar calor al cuerpo.

En una situación dónde dos personas discuten ideas o cosas importantes, cruzar los brazos sería una forma de imitar inconscientemente a la otra, mostrando que se está de acuerdo. En alguien que está muy enfadado, cruzar los brazos formando puños con las manos sería una forma de autocontenerse.

También están las personas que buscan mostrarse físicamente poderosas ante todo el mundo, cruzan los brazos dejando que los codos queden hacia fuera del cuerpo, luciendo más grandes y, por ello, intimidando a los demás.

Pero también, si estás ante una situación donde te sientas asustado o no reconozcas el lugar, si cruzas los brazos se considera un mecanismo de autodefensa.

Como ves, **el significado de una acción de comunicación no verbal puede ser inexistente si no hay contexto que la haga relevante**. Si ves a alguien con los brazos cruzados, piensa en la situación antes de interpretar.

48. ¿Cuál es la mejor manera de mostrar interés por alguien?

Cuando estés hablando con esa persona, asiente con la cabeza, este se trata de un gesto de sumisión contagioso que puede transmitir sensaciones positivas. Comunica interés y acuerdo, pero si lo haces varias veces y muy rápido puede comunicarle a la otra persona que está hablando demasiado.

Simplemente muestra la palma de tu mano abierta y hacia arriba. Este es un gesto que denota sinceridad y confianza. Cerrar el puño demuestra lo opuesto.

Mira fijamente a la persona. Si centras tus ojos en ella, no tendrá duda de que estás prestándole atención.

49. ¿Por qué es importante tener en cuenta el lenguaje corporal al hablar con los demás?

Un lenguaje corporal adecuado facilita las relaciones y la comunicación en el trabajo, en la vida diaria y en los negocios. Es muy importante que seas consciente de aquellas señales que estás transmitiendo con tu cuerpo, pues de esta manera envías mensajes a los receptores.

Es importante conocerte, pues tu cuerpo tiene un alto impacto en los mensajes que transmites. Mediante gestos y movimientos corporales estableces contacto con tus interlocutores. El hecho de aprender a moverte adecuadamente y de forma desenvuelta permite que los demás piensen que eres una persona confiable y segura de sí misma.

Los movimientos realizados con tu cuerpo tienen la intención de acompañar y reforzar tu mensaje verbal, pero ¿qué pasa cuando exageras tus movimientos? Si exageras tu lenguaje corporal, te mostrarás poco natural y esto causará un efecto negativo. En otras palabras, tan malo es permanecer inmóvil como lo son los excesivos movimientos. ¡No lo hagas!

50. ¿Cuál es la mejor manera de demostrar que no estás interesado en alguien?

Una de las señales más evidentes es al que das con tus ojos cuando dejas de ver a la persona. Resulta que, si no aprecias a tu interlocutor, tendrás dificultades para mantener el contacto visual. La mayoría de las veces parecerás distraído e incluso desconectado de la conversación.

No valorar su opinión. Cuando una persona se siente bien con la presencia de otra, se muestra interesada en conocer y valorar su opinión. Muestra algún signo de curiosidad hacia la otra persona, quiere saber más sobre ella. Si no te interesa, simplemente no tomes muy en serio lo que está diciendo.

Trata de alejarte de ella. No es ningún secreto que cuando alguien te disgusta, tratas de poner cuanta más distancia entre los dos puedas. Acelera el paso cuando te vea, gira la espalda nada más te la encuentres, en pocas palabras, evítala.

51. ¿Es posible fingir las señales del lenguaje corporal?

Desafortunadamente sí. Una persona con conocimiento y experiencia en lenguaje corporal puede manipular conscientemente sus expresiones corporales y comunicar algo para engañar a la otra persona.

52. La gran mentira dentro del lenguaje corporal

Es importante que las fuerzas del orden, los agentes de seguridad e incluso los padres sepan distinguir cuándo alguien falta a la verdad. Una forma de hacerlo es observando su lenguaje corporal. Las personas suelen mostrar ciertos gestos o movimientos que indican que están mintiendo sobre algo.

Una de las formas más fáciles de detectar una mentira es observar el lenguaje corporal de una persona. La gente suele mostrar ciertos gestos o movimientos que indican que está mintiendo sobre algo.

53. ¿Cuáles son los gestos más comunes utilizados para mentir?

Los gestos más comunes utilizados para mentir son rascarse el cuello, moverse rápidamente de una zona de la habitación a otra, y ponerse rígido cuando se toca a la persona. También está la modificación en el tono de voz, esta se hace temblorosa y menos consistente que cuando se está diciendo la verdad. Por último, pon atención en la traspiración, una persona puede sudar si miente, fíjate en su frente, en sus mejillas o en la parte posterior del cuello, y es probable que observes cómo la persona trata de limpiar el sudor para ocultarlo.

Saber detectar las mentiras observando el lenguaje corporal de las personas es una habilidad importante. La gente transmite muchas cosas a través del lenguaje corporal. Si estás en una nueva relación, puede ser útil aprender a saber si tu pareja te está mintiendo.

Como propietario de un negocio, es importante saber si tus empleados están haciendo el trabajo para el que fueron contratados o si están holgazaneando. El lenguaje corporal puede darte las respuestas que necesitas.

Antes de pasar a los puntos claves para detectar las mentiras, debes aprender un poco más acerca de ellas.

54. ¿Qué es la mentira y cómo se manifiesta?

La verdad es a menudo subjetiva, y la mayoría de las mentiras se dicen para evitar recibir un castigo o para conseguir lo que se quiere. Una mentira es una historia que se inventa para ocultar o distorsionar la verdad.

Existen cuatro niveles en las mentiras:

- **Primer nivel:** Mentiras blancas. Son mentiras que no se consideran perjudiciales para nadie. Por ejemplo, te pones un poco de maquillaje para estar guapa para una fiesta. Mientes con tu físico, pero no pasa nada, porque todo el mundo lo hace, tanto hombres como mujeres.

- **Nivel dos:** Casi verdades. Son mentiras cuyo objetivo principal es evitar recibir un castigo. Por ejemplo, cuando llegas tarde a la escuela, mientes diciendo que tienes que llegaste tarde porque tuviste que acompañar a tu mamá al doctor. O si pasa lo mismo en el trabajo, puedes decir que había mucho tráfico por algún accidente.

- **Nivel tres:** Mentiras benéficas. Son las que se dicen para proteger los sentimientos de alguien. Por ejemplo, puedes decirle a tu amiga que estaba muy guapa en su fiesta, aunque no lo estuviera.

- **Nivel cuatro:** Mentiras malintencionadas. Son las que se dicen con la intención de perjudicar a alguien. Por ejemplo, puedes mentirle a alguien y decirle que alguien inventó algún chisme, o decirle que gastaste mucho dinero para que se sienta mal porque no tiene lo mismo que tú. Aquí sí perjudicas a terceros, ya sea emocional o físicamente.

Aunque los cuatro niveles de engaño pueden ser perjudiciales a su manera, las mentiras malintencionadas pueden ser especialmente dañinas. Pueden arruinar las relaciones, dañar la reputación e incluso conducir a la violencia física.

55. ¿En normal que la gente mienta?

Según las investigaciones, la mayoría de la gente miente al menos una vez al día. Aunque la mentira suele asociarse a comportamientos negativos, como el engaño o el robo, hay ocasiones en las que es aceptable, o incluso necesario, engañar a los demás. Por ejemplo, puedes notar que un compañero de trabajo se dedica más a su teléfono que a sus respectivas tareas y prefieres mentirle a tu jefe sobre lo que has visto para evitar meterlo en problemas. La mentira también es habitual en las relaciones interpersonales, donde puede utilizarse para proteger los sentimientos de alguien o evitar una discusión.

Aquí hay una lista breve sobre algunas de las señales más comunes a las que hay que prestar atención:

- Taparse la boca.

- Parpadeo excesivo.

- Moverse de forma inquieta.

- Desvían la mirada.

- Tensión muscular marcada.

- Se muerden constantemente los labios.

- Palmas excesivamente sudorosas.

- Cambian su respiración.

- Su voz cambia.

- Sonrisa inquieta y sin explicación.

- Dan demasiada o muy poca información sin justificación.

Veamos un ejemplo en una situación común:

Era la mitad de la noche y John intentaba dormir un poco. Tenía que levantarse temprano para trabajar al día siguiente. De repente, oyó un ruido procedente de la habitación de su hija. Se levantó de la cama y se dirigió en silencio a su habitación para ver qué pasaba.

Para su horror, vio a su hija saliendo a escondidas de la casa con un chico. Él sabía que ella no tenía permiso para salir a esa hora. John estaba tan enfadado que quería gritar, pero consiguió controlarse. Decidió utilizar sus conocimientos del lenguaje corporal para detectar si su hija le estaba mintiendo.

John miró a su hija y al chico, y se dio cuenta de que ambos *miraban al suelo*. Este es un signo común de engaño, ya que la gente evita el contacto visual cuando está mintiendo. John se dio cuenta de que tenía que enfrentarse a su hija.

Le dijo: "¿Qué está haciendo él aquí? ¿Y a dónde van? No tienes permiso para salir a esta hora".

Su hija parecía nerviosa, y luego de un par de segundos de duda respondió: "Sólo íbamos a dar un paseo".

John supo que ella estaba mintiendo por la falta de contacto visual y el conflicto en su lenguaje corporal. Le dijo con calma: "Estás castigada durante una semana, por favor sube a tu cuarto, yo llevo al chico a la puerta".

John sabía que, cuando la gente miente, suele *apartar la mirada de la persona a la que está mintiendo*. También se dio cuenta de que su hija y el chico no mantenían ningún contacto visual entre sí. Es importante destacar que John le preguntó a su hija a dónde iba, y ella *dudó* antes de responder. John supo que estaba mintiendo y la castigó por querer salir a escondidas de la casa.

Detectar las mentiras es una habilidad importante, sobre todo en situaciones en las que hay que confiar en la persona con la que se habla. Aunque es imposible saber con certeza si alguien está mintiendo o no, hay algunas pistas que pueden ayudarte a tomar una decisión informada.

Hay muchas señales que pueden delatar si alguien está mintiendo sobre algo, ya sea una simple conversación con tu hijo o una entrevista de trabajo. Enseguida encontrarás las herramientas necesarias para detectar cualquier tipo de mentira.

Pensar con la cabeza fría:

Si quieres saber si alguien te mintió, primero busca un lugar tranquilo y respira profundamente varias veces. Cierra los ojos y concéntrate en tu cuerpo. Presta atención a cualquier sensación que se te presente, como opresión en el pecho, dolor de cabeza o sensación de mariposas en el estómago. Una vez que te hayas centrado en tu cuerpo, empieza a pensar en esa situación en la que creas que la otra persona puede estar mintiendo. Imagina el lenguaje corporal que tenía en ese momento y presta atención a las sensaciones que sientes. Cuando hayas terminado, abre los ojos y escribe lo que has notado para que lo puedas analizar.

Sé consciente de que también te mientes a ti mismo:

Si descubres que te mientes a ti mismo sobre una situación, pregúntate por qué crees en esa mentira. Una vez que hayas identificado la creencia, desafíala y comprueba si hay una creencia más racional con la que puedas sustituirla.

56. Aprende a detectar mentiras

Este ejercicio está diseñado para ayudarte a detectar mejor las mentiras de los demás. Empieza por buscar un compañero y sentarte frente a él. Pídele que cuente una historia y presta atención a su lenguaje corporal mientras la cuenta. En este punto deberás aplicar todo lo aprendido anteriormente. Aquí te dejo un breve resumen para evaluar si tu compañero está mintiendo o diciendo la verdad:

- Permanece atento a los cambios en el lenguaje corporal. Los mentirosos suelen ponerse inquietos o nerviosos cuando mienten. También pueden evitar el contacto visual o intentar taparse la boca.

- Presta atención a los detalles de la historia. Los mentirosos suelen inventarse detalles para apoyar su historia, y estos detalles pueden ser fáciles de detectar.

- Busca incoherencias en la historia. Los mentirosos suelen tener dificultades para mantener la misma historia, por lo que las incoherencias pueden ser un indicador de engaño.

- Haz preguntas sobre la historia. Si la persona a la que interrogas parece dudar o estar insegura sobre ella, es probable que esté mintiendo.

57. El lenguaje corporal en las situaciones sociales

La posición del cuerpo es importante en las situaciones sociales porque el lenguaje corporal comunica sentimientos, actitudes e incluso pensamientos mientras se está cara a cara con alguien.

Por ejemplo, estar demasiado cerca puede interpretarse como un comportamiento agresivo o dominante. Por eso es mejor mantener una cierta distancia o inclinarse ligeramente si se quiere mostrar interés.

La posición del cuerpo también puede afectar a los sentimientos de la otra persona.

Por ejemplo, si te sientas con las piernas abiertas, puedes hacer que la persona con la que interactúas se sienta incómoda. El espacio entre tu cuerpo y el suyo se reduce, haciéndole sentir encerrado. Además, la amplitud de tu postura será interpretada por los demás como lo mucho que crees que mereces ocupar el espacio. Las personas que se hacen más pequeñas serán vistas como pasivas o inseguras, mientras que las que ocupan más espacio serán vistas como autoritarias o dominantes.

El lenguaje corporal también puede cambiar dependiendo de si alguien está sentado o de pie. Estar sentado hace que la persona parezca más relajada y accesible, mientras que estar de pie sugiere que está preocupada pero dispuesta a hablar contigo.

Si estás sentado o de pie con los brazos cruzados, puede parecer que eres inaccesible o estás a la defensiva. En cambio, si abres tu postura corporal y estableces contacto visual, enviarás la señal de que estás interesado en lo que dice la otra persona.

El lenguaje corporal puede tener un gran impacto en la forma en que se le percibe en situaciones sociales. Si quieres mejorar tu lenguaje corporal y tu apariencia, te recomiendo lo siguiente:

Ocupa menos espacio con tu postura, inclínate ligeramente cuando hables con alguien cara a cara, mantén el contacto visual durante la conversación para que sepan que te preocupas por ellos, no cruces los brazos o las piernas cuando estés sentado o de pie porque te hará parecer inaccesible y defensivo respectivamente.

En general, evita cualquier comportamiento que pueda ser visto como agresivo o dominante, como inclinarse demasiado cerca de otra persona o mostrar gestos territoriales, como extender las extremidades por su espacio personal sin preguntar primero. Este tipo de posturas corporales puede hacer que los demás se sientan incómodos cerca de ti.

Enseguida verás un ejemplo de cómo alguien usó todos los conocimientos anteriores para mejorar si situación de vida:

Había una vez una joven llamada Alice que siempre estaba nerviosa cuando conocía gente nueva. Había oído que causar una buena primera impresión era importante, así que quería hacer todo lo posible para asegurarse de que su aspecto y su comportamiento fueran los mejores.

Alice estudió los consejos para causar una buena impresión y se dio cuenta de que muchos de ellos tenían que ver con el lenguaje corporal. Practicó cómo ponerse de pie, sonreír, y tratar de establecer contacto visual con todas las personas que conocía. También evitó cruzar los brazos sobre el pecho y hacer demasiados gestos.

Alice se sintió mucho más segura cuando aplicó estos consejos y notó que la gente era más receptiva con ella. Pudo hacer amigos con más facilidad e incluso consiguió mejorar las relaciones en su trabajo gracias a su nueva capacidad para causar una buena primera impresión.

Una vez que logró esa primera impresión exitosa, lo demás le fue muy fácil. Mantuvo su actitud relajada pero asertiva cuando era necesaria y un tiempo después se dio cuenta de que mientras más pasaba actuando así, su cuerpo iba adoptando esas actitudes como propias. Muy pronto dejó de actuar y se convirtió en esa persona que siempre quiso ser, gracias a practicar su lenguaje corporal todos los días y en cualquier situación de su vida.

¿Cómo puedes empezar a causar esa exitosa primera impresión, como lo hizo Alice?

Te enseñaré a evitar algunos de los errores más comunes que comete la gente cuando conoce a alguien nuevo. Ya sea en una entrevista de trabajo o al conocer a los padres de tu pareja por primera vez, aquí tienes seis maneras de impresionar con tu postura, tu contacto visual, tu apretón de manos y mucho más.

1. Mantén una buena postura. ¡Ponte recto! Estar encorvado puede parecer perezoso o desinteresado. Mantén

los hombros hacia atrás y la cabeza alta. Esto ayudará a proyectar confianza en ti mismo y en los demás a tu alrededor.

2. Utiliza las expresiones faciales para mostrar interés. Una sonrisa puede hacer mucho para que la gente se interese por lo que tienes que decir. No tengas miedo de mostrar alegría, tristeza o enfado: todas estas emociones son importantes y pueden comunicar una serie de ideas. La clave está en adaptar la emoción a la situación.

3. Utiliza el contacto visual cuando hables. El contacto visual te hace sentir más conectado con tu interlocutor y demuestra que eres un orador seguro. Si en una conversación los ojos de la otra persona se desvían, devuélvelos usando tu mano o tus dedos para tocar suavemente su brazo u hombro. No tengas miedo de hacer contacto visual con tu interlocutor. Demuestra que estás interesado en lo que dice. Sin embargo, no lo mires tan fijamente, pues mantener un contacto visual excesivo puede dar la impresión de ser espeluznante o agresivo.

4. Estrecha su mano con firmeza. Un fuerte apretón de manos transmite confianza y fuerza. Agarra la mano de la otra persona con la suficiente fuerza para demostrar tu seguridad, pero no tan fuerte como para que resulte incómodo.

5. Cuida tu lenguaje corporal luego del primer contacto. Los brazos cruzados pueden dar la impresión de estar a la defensiva o de no tener interés, mientras que la inquietud puede hacerte parecer nervioso o ansioso. Intenta permanecer quieto y relajado cuando conozcas a alguien nuevo.

6. Mantén la cabeza alta. Mucha gente mira naturalmente hacia abajo cuando está escuchando a alguien, pero si miras a la persona con la que estás hablando, causarás una mayor impresión.

La comunicación no verbal es un tema complicado. Se necesitan años para dominar todos los matices y sutilezas del lenguaje corporal, las expresiones faciales, el contacto visual, el tono de voz y la inflexión.

Para los que aprenden las habilidades no verbales por primera vez, puede ser un proceso confuso con muchas trampas. Estos son algunos de los errores más comunes que se cometen cuando se aprenden estas habilidades por primera vez:

Cuando la gente está aprendiendo el lenguaje no verbal, suele cometer el error de no utilizar todo su cuerpo. Esto puede dificultar la comprensión de lo que se intenta comunicar.

Otro error común es no distinguir entre sentimientos y emociones. La gente suele confundir los sentimientos con las emociones, y viceversa. Esto puede llevar a malinterpretar las señales de los demás. Un sentimiento es un estado que se genera a partir de una emoción, sin embargo, se produce de manera más consciente ya que las personas puedes elegir mantener ese estado de ánimo por un periodo largo de tiempo, esa es la mayor diferencia, que la emoción es de corta duración.

Otro error que suele cometer la gente es dar mensajes contradictorios al no controlar sus expresiones no verbales. Por ejemplo, si tratas de parecer interesado en alguien, pero tu lenguaje corporal cuenta una historia diferente, es probable que se confundan tus intenciones.

Un error muy frecuente es suponer que la comunicación no verbal es sólo una de las muchas habilidades que hay que aprender, mientras que se trata de una parte esencial para entender los sentimientos y pensamientos de los demás sin necesidad de palabras. Para comunicarse realmente con eficacia, hay que dominar tanto las formas de expresión verbales como las no verbales.

Una de las cosas más importantes que hay que recordar a la hora de aprender el lenguaje no verbal, es ser consciente de tu propio lenguaje corporal y controlar tus expresiones. Sólo así podrás enviar mensajes claros y coherentes a la persona con la que interactúas.

58. La resistencia psicológica en las personas

¿Cómo se resiste la gente al cambio y a las nuevas ideas? Puede ser difícil conseguir que la gente haga algo que no quiere hacer. Pero si sabes por qué se resisten tanto, te ayudará a vencer su resistencia y hacerlos más receptivos.

Esto se debe a que, al saber lo que motiva o asusta a alguien, puedes adaptar tu mensaje en consecuencia y aumentar las posibilidades de éxito. La clave es superar la resistencia psicológica antes de buscar un acuerdo sobre una idea o dirección, y esto requiere empatía y la capacidad de escuchar sin juzgar. Y necesitas hacerlo antes de intentar persuadir a los demás de que su camino es el mejor para todos.

Las personas manifiestan las siguientes conductas cuando presentan resistencia:

- Incertidumbre respecto a cualquier tipo de cambios.

- Tendencia a transformar un cambio en una crisis.

- Cadenas de pensamientos puramente negativos.

- Dificultades para salir de su zona de confort.

- Las falsas esperanzas de que ocurra un milagro que mágicamente les evite pasar por el cambio.

Formas de superar la resistencia psicológica:

- **a)** No juzgar: Cuando intentas persuadir a alguien para que cambie de opinión o de comportamiento, es importante no juzgarlo. Esto sólo hará que se resistan más a tus ideas.

- **b)** Mostrar empatía: Comprender el punto de vista de alguien puede ayudarle a sentirse escuchado y respetado. Esto puede hacer que se muestren más abiertos a tus ideas.

- **c)** Intenta que piense en la situación desde una perspectiva diferente.

- **d)** Convence a la persona de que ambos están en el mismo equipo. Deja claro que intentas ayudarla y que quieres lo mejor para ella.

- **e)** Tomarse el tiempo para escuchar y comprender las perspectivas de las personas: Esta es quizás la forma más importante de superar la resistencia psicológica de alguien. Cuando te tomas el tiempo de escuchar y entender lo que dicen, demuestras que respetas sus opiniones.

- **f)** También te recomiendo poner en prácticas las siguientes preguntas:

¿Cómo afecta a tu situación actual la forma en que manejas las cosas?

¿Por qué no quieres un cambio?

¿Cómo afectará tu vida ese cambio?

¿Tú resistencia limita tus procesos de desarrollo?

Si logras que se responda a sí mismo estas preguntas, se logra un efecto en el que pasa de una posición confusa a una estructura de comprensión, que lo puede ubicar en un mejor manejo, pues al asumir cambios, empieza a resolver la situación sin divagar en preguntas sin sentido.

La mayoría de las personas se resisten al cambio porque no quieren salir de su zona de confort. Puede que les asuste lo desconocido o les preocupe lo que pueda pasar si hacen un cambio.

Otra forma de conseguir que alguien cambie su comportamiento es utilizando el refuerzo. Esto puede implicar darles un refuerzo positivo (por ejemplo, diciéndoles lo mucho que aprecias el hecho de que estén dispuestos a tomarse un descanso y pasar tiempo contigo) o proporcionarles algún tipo de incentivo (por ejemplo, permitirles tener algo de tiempo libre después de haber completado una tarea).

11

Conclusiones

Llegaste al final del libro. Te felicito, luego de leer todos los capítulos atentamente, sé que lograste comprender mucho acerca de la PNL.

Comprendiste por fin que la Programación Neurolingüística es una herramienta altamente eficaz para la gestión de recursos humanos y empresariales. Entendiste que si bien existen beneficios organizacionales, todo parte del mejoramiento de la percepción de los mismos trabajadores.

También entendiste que la PNL se encuentra relacionada con la toma de decisiones. La práctica hace al maestro, por lo que cuantas más decisiones tomen las personas, más entrenamiento tendrán y llegará el momento en que tomar una decisión será algo totalmente natural y mucho más fácil.

La PNL te ayuda en este proceso, así lograrás sin complicaciones saber lo que quieres, hacia donde te diriges, tendrás un excelente conocimiento de ti mismo, serás capaz de tomar decisiones rápidamente y cambiarás de idea en pocas ocasiones y cuando la situación de verdad lo amerite, cuando ocurran acontecimientos muy importantes.

Otro ámbito en el que te puede ser de utilidad la Programación Neurolingüística, es en la comunicación de tu día a día. Hay muchas señales a tu alrededor, y tu mente percibe la información basada en tu conocimiento, experiencia y comprensión de la vida.

Para poder dar cualquier tipo de mensaje es importante primero entender la forma en que tú mismo te comunicas, para poder hacerlo con los demás de una forma clara y efectiva. Poniendo en práctica la PNL puedes evitar conflictos futuros cuando aprendes a desarrollar la comunicación.

El éxito es un término diferente para cada persona. Y también puedes encontrarlo en tu pareja y/o familia. Si aplica la PNL en casa, podrás manejas nuevos conceptos y técnicas con los que podrás elevar la calidad de tu experiencia comunicativa en familia. También basarás tus pilares en el uso de valores basados en el entendimiento y el respeto, lo que ayudará a solucionar de una manera mucho más pacífica cualquier situación de estrés.

Puedes usar la Programación Neurolingüística en cualquier relación interpersonal que tengas. Lo que harás es utilizar un modelo comunicativo similar que te permitirá eliminar las falsas suposiciones y elegir amistades sanas y positivas en su vida.

¿Qué más puedes lograr usando esta herramienta?

La respuesta es muy sencilla: puedes hacer todo lo que te propongas. Ya hablé de su eficiencia en el ámbito laboral y empresarial, en la toma de decisiones, la comunicación, el ambiente familiar, de pareja y las amistades.

Tú ya aprendiste las diversas técnicas perceptivas, de comportamiento y de comunicación para facilitar que las personas cambien sus pensamientos y acciones. Tienes en tu poder el conocimiento para lograr lo que quieras en tu vida.

No olvides que puedes regresar y releer este libro todas las veces que quieras. Si necesitas volver a revisar cualquiera de estas estrategias, eres bienvenido. Recuerda que todo es un proceso, y ya sabes las bases, lo que tienes que hacer ahora es ser disciplinado y poner en práctica cada punto que vimos juntos.

No quiero ser pretencioso al decirte que este libro es el único que necesitas para ser un experto en PNL, porque estaría mintiendo. Este libro tiene como objeto ser el punta pie inicial en este viaje. Pero lo que sí puedo hacer, es recomendarte que una vez termines de leerlo, asistas a talleres o a una clase que te permita poner en práctica los conceptos con otros alumnos. También continúa leyendo libros y artículos que pueden ayudarte a desarrollar aún más tus habilidades.

No existe una forma correcta de aprender, lo que para algunos funciona puede que no dé resultados para otros. Lo que tienes que hacer es auto estudiarte, para entender cuál es tu proceso correcto de aprendizaje y enfocar tu tiempo y esfuerzo de esta forma.

Gracias

Desde lo más profundo de mi corazón te quiero dar las gracias por comprar mi libro.

Podrías haber elegido entre muchos de otros libros, pero decidiste arriesgarte y elegir el mío.

Así que nuevamente gracias por comprar este libro y por leerlo con cariño hasta el final. Le puse mucho cariño a cada una de sus hojas.

Antes de que te vayas, quería pedirte un pequeño favor.

¿Podría considerar publicar una reseña en la plataforma? Publicar una reseña es la forma mejor y más fácil de apoyar el trabajo de autores independientes como yo, que buscamos plasmar nuestro conocimiento en estas hojas y hacerle un poco más fácil la vida a nuestros lectores.

Tus comentarios me ayudarán a seguir creciendo como escritora independiente y también podré saber el tipo de libros que te ayudarán a obtener los resultados que deseas. Significaría mucho para mí saber de ti.

>> **Dejar una reseña en Amazon ES**

>> **Dejar una reseña en Amazon COM**

Sobre el autor

Escritor por pasión y aprendiz empedernido, con amplia experiencia en programación neurolingüística y lenguaje corporal. Siempre le ha interesado enseñar y ahora ha decidido compartir sus conocimientos con el mundo. Seguro que te ayudará a mejorar tus habilidades comunicativas y a entenderte mejor a ti mismo.

Revisa todos mis libros en: **amazon.com/author/pnlypersuasiondesdecero**

Made in the USA
Columbia, SC
09 January 2025

a1d367c2-01b8-442c-b222-885c1dcc9d76R01